안된다꼬예?

취업이 꿈이 된 청춘에게 도전을 말하다

안된다꼬예?

허남원 지음

매일경제신문사

꿈이 있습니까?

.

.

.

이래도 저래도 이루지 못할 것 같은

꿈이 있습니까?

그런 꿈을

몇 번이나 이루었던

한 사람의 이야기입니다.

소심하고 불안하여

세상에 적응조차 어려웠던

우리 시대의 한 열등아.

그가

무르팍 깨지도록 도전하여

자신의 꿈을

이루어 가게 되었습니다.

그럼에도

'So what?'이라는 화두로

방황하던

그가

이젠

당신의 꿈을 안내하는

행복한 천직의

삶을 살게 되었습니다.

그

비결이

담겨 있는

한 인간의

비망록을 열어 봅니다.

"If you born poor, it's not your mistake. But if you die poor, it's your mistake."

빌 게이츠의 말이다. 가난하게 태어난 것은 당신의 잘못이 아니지만, 가난하게 죽는 것은 당신의 책임이다.

공부도 제대로 하고 운동도 잘하며 성격도 좋은 아이가 되고 싶었다. 쉼 없이 계획하고 노력도 하였다. 그러나 성적은 변함없이 평균치를 밑돌았고 몸은 언제나 말이 아니었으며 좋아하는 친구조차 없는 외톨이였다.

다행히 흐르는 세월의 풍파에 부대끼며 나는 건강하고 튼튼하게 변해 갔다. 성격도 활발하고 사교적으로 바뀌어 전국 규모의 사업을 세 차례나 했다. 인생은 팔자소관이 아니라 원하는 대로 바꿀 수 있음을 증명하였다.

도저히 넘기 어려워 보이는 장벽에 부딪친 적이 한두 번이 아니었지만, 그때마다 나는 "안된다꼬예?"를 외치며 도전에 도전을 거듭했다. 강이 가로놓이면 물속으로 뛰어들었고 산이 앞을 막아서면 우선 오르기부터 시작하며 원하는 인생을 찾아 갔다.

이 책을 독자 여러분들 앞에 내놓을 수 있게 한 지난날의 내 삶에 감사한다. 아무쪼록 독자 여러분의 인생도 이 책으로 인해 다시금 도전받기를 바라는 마음이 간절하다. 젊고 가슴 뛰는 삶을 살고 싶지 않은가? 당장 확인해 보시라.

허남원

"지는 안된다꼬예?"

자상하게 진로 상담을 해 주시던 교수님께 난데없이 대들
었다.

"아입니더. 지도 분명히 사람으로 태어났으니까, 지도 노
력하면 천재가 될 수 있능기라예."

그때는 더 이상 물러설 곳도, 그렇다고 현실을 인정할 수
도 없었다. 대학은 졸업했지만 실력도 그 흔한 자격증 하나
도 없었다. 더욱이 재학 시절 받았던 학사 경고는 지워지지
않는 흉터로 남았고, 진학도 취업도 어렵게 되었다. 대학을
졸업하자 편하게 있을 곳도, 더 이상 갈 곳도 없어진 느낌이
었다. 다행히 교수님의 배려로 졸업했던 학과의 조교로 있

으면서 재학 시절 소홀히 했던 책들을 다시 뒤적거리고 있을 즈음이었다.

"자네 이제 전공 공부는 할 만큼 했으니 다른 것도 한번 시작해 보면 어떻겠나?"

나의 장래가 걱정되어 해 주신 고마운 말씀에 무례하고도 이유 없는 반항을 했다. 교수님의 말씀은 마음속 아픈 메아리가 되었고, 교수님의 충고와는 정반대로 전공 공부만 계속하였다.

'어차피 내가 할 수 있는 것은 아무것도 없질 않은가?'

기적이 일어났다. 카이스트에 합격한 것이다. 늦게 시작한 공부에 최선을 다하였고 심지어 세계적 명문인 도쿄대로 유학까지 가게 되었다. 그러나 기초가 약했던 탓에 실패의 딱지를 붙이고 말았다. 방향을 바꿀 수밖에 없었다. 그래서 사업을 시작해 보았다. 하지만 이것도 어렵기는 마찬가지였다. 걱정해 주시던 교수님께서 다시 찾아오셨다.

"이보게, 십 년 전엔 자네를 몰라봐서 미안했네. 하지만 사업은 완전히 다른 거야. 공부야 혼자서 하면 되지만 사업은 남들과 함께하고 남들로부터 인정을 받아야 하는 것일세. 혼자서 결심한다고 되는 일이 아니질 않은가? 현실을 똑바로 보도록 하게나."

나는 다시 외칠 수밖에 없었다.

"정말 안된다꼬예?"

두 주먹을 불끈 쥐었다. 또다시 패배자로 돌아갈 수 없었기에 선택한 컴퓨터 사업이 내 삶을 반전시켰다. 인내와 노력은 결코 거짓말을 하지 않았다. 사업이 성공하자 이를 지켜보시던 교수님도 자신의 사업을 시작하셨다. 반면 나는 이때 회사를 동업자에게 넘기고 박사 과정을 다시 시작했다. 세월은 다시 흘러 교수님은 큰 사업을 펼쳐 가셨고 나는 공학 박사가 되었다. 그러던 어느 날 교수님께서 오랜만에 찾아오셨다.

"자네를 생각하면 항상 미안한 마음이네. 십 년 전, 이십 년 전 말일세. 그때는 내가 자네를 너무 몰랐었네. 요즘은 무슨 일을 하고 있나? 내가 도울 일은 없나? 자넨 뭔가 해야 해. 자네라면 뭐라도 할 수가 있어. 하고 싶은 걸 한번 말해 보게나."

"요즈음 '동기 부여'라는 타이틀로 강연하고 있습니다. 청소년들이 타고난 각자의 능력을 발휘할 수 있도록 용기를 주어 성공적인 삶을 시작하도록 안내하는 일이지요."

"자네는 패기가 대단하지만, 솔직히 아우라가 별로 느껴지지는 않아. 그런 일은 아우라가 있어야 돼. 그 사람을 보는 순간 뜨거운 기운 같은 게 느껴져야 하거든. 자네는 뛰어난 노력가이기는 하지만 말이야."

또다시 걱정하며 떠나신 그 자리에서 나는 또 외칠 수밖에 없었다.

"이것도 안된다꼬예?"

나의 노력은 강연 초청으로 이어졌으나 나 같은 강연 초보자에게 연속된 강연이 쉽지는 않았다. 하지만 다행스럽게도 젊은 시절의 경험을 전하면서 청중들의 공감을 조금씩 얻어

가기 시작했다.

　돌이켜 보면, 어린 시절부터 별 가능성도 보이지 않았던 나는 주위의 예상과 달리 짧은 시간 동안 많은 경험을 했던 것 같다. 공부, 사업, 인생 모두에서 쉽지는 않았지만 기대 이상의 성공을 경험한 것이다. 열등아가 박사가 되고, 소심한 아이가 사업가로 변신을 했으며, 아우라가 없던 내가 제법 알아주는 강연 연사가 되었으니 말이다.

　하지만 무엇을 갖거나 무엇이 되는 것보다 훨씬 중요한 것이 있었다. 공부를 한번 잘해 보는 것이 소원이었지만, 박사가 되고 나니 허전함이 있었다. 또한, 돈 많은 사장이 되어 보니 생각처럼 행복한 것도 아니었다. 돌이켜 보면 그동안은 주위에서 '좋다', '잘한다'라고 하는 다른 사람들의 평판에 끌려다닌 타인 지향의 삶이었지 진정으로 내가 원하는 일이 무엇인지는 생각조차 하지 않았다. 사람들의 성격이 제각각이듯이 사람들이 하고 싶은 일도, 사명도 틀림없이 모두 제각각일 텐데도 말이다.

　노력해서 뜻한 일을 이루고 난 다음에 '이게 다인가?'라는 생각이 들 때처럼 허전한 게 없다. '안된다꼬예?'가 떠난 자리에 'So what?'이 찾아왔다. 나는 이때부터 진정으로 원하는 일이 무엇인지를 다시 찾아 가기 시작했고 마침내 만족하는 일을 시작할 수 있었다. 비록 먼 길로 돌아온 인생이지만, 마침내 행복하고 의미 있는 천직을 누릴 수 있게 되었다. 내 발자취가 행복한 인생의 꿈을 찾아가는 독자들의 길목에 작은 이정표가 되기를 바란다.

Part 1 엘리트를 능가하는 보통 사람의 도전

Part 2 일은 저지르는 자의 몫이다

Part 3 바보도 날 수 있다

Part 4 잘하는 일과 좋아하는 일

엘리트를
능가하는
보통 사람의
도전

나는 의기소침한 소년,

사업은커녕 취업에도 선뜻 나서지 못했던 소심한 청년,

자신감도 아우라도 없는 그렇고 그런 사람이었다.

막다른 골목에 이를 때마다 새로운 도전을 택했다.

열등생이 우등생으로,

소심했던 청년이 활발한 사업가로,

청소년을 감동으로 이끄는 동기 부여 강사로 다시 태어났다.

'이 사람 미쳤나?' 할 정도로 내 이야기를 들려주고 싶다.

당신도 나처럼만 하면 꿈을 이룰 수 있다고.

아니, 박사도 사업가도 될 수 있다고.

내가 바로 그 증거라고.

대학은 완전히 새로운 세상이었다. 그야말로 신천지였다. 지각을 해도 결석을 해도 벌을 주기는커녕 언제 그런 일이 있었느냐는 듯 관심조차 주는 사람이 없었다. 새벽부터 늦은 밤까지 숨 막힐 듯 빡빡하게 짜인 고등학교 때의 시간표와는 완전히 달랐다. 날아갈 듯 자유로운 세상이었다.

3월부터 시작된 대학 생활은 바쁜 스케줄의 연속이었다. 입학식, 신입생 환영회, 동아리 활동, 미팅과 축제뿐 아니라 매일처럼 이어지는 새로운 친구들과의 만남도 이전 시절과는 격이 달랐다. 그뿐이 아니었다. 캠퍼스에는 그때까지 한 번도 본 적 없었던 반정부 데모대들이 매일같이 유신 반대를 외치고 있었고, 얼마 지나지 않아 나도 데모대에 뛰어들어 자유와 정의를 함께 외치기도 하였다. 새로운 차원의 인생이 시작되고 있었다.

연극 동아리에 용기 내어 가입하면서, 앞으로는 내가 생각하는 것이라면 무엇이든지 멋지게 표현해 보리라 마음먹었다. 맛도 멋도 알 수 없었던 막걸리를 어지러워질 때까지 마셔 대며 새로운 친구들과의 관계를 끝없이 넓혀 갔다. 한번은 수업을 빠져 가면서 며칠간을 같은 막걸릿집에 갔더니 걱정이 된 주인장으로부터 "학생 단골은 원하지 않는다"는 말을 듣기까지 했다.

주말에는 평소와 다르게 다소 여유롭게 지내면서 음악 감상실에 들르기도 하고 도서관에서 빌려 온 교양서적들을 읽기도 했다. 프레디 아길라의 'Anak'을 들으며 알 수 없는 이국에서의 생활을 상상하기도 했고, 에릭 시걸의 《Love

Story》를 읽으며 연인과의 멋진 사랑을 꿈꾸었다. "Love means never having to say you're sorry." 사랑은 미안하다고 말하는 것이 아니라던 이 구절은 얼마나 마음에 와 닿았던가!

두꺼운 토플 책을 항상 가방에 넣어 다니며 언젠가는 해외로 나갈 수 있도록 탄탄한 외국어 능력도 준비해 두고자 하였다. 또한 틈틈이 수영장과 체육관에도 나가며 몸짱 대학생의 꿈도 키워 나갔다. 나날이 어른스럽고 남자다워지는 모습을 거울에 비춰 보며 나에게도 애인이 생겼으면 좋겠다는 바람이 생기기도 하였다.

이제 의젓한 성인이 된 것이다. 당당하게 담배를 피우고 술을 마셔도 누구 하나 나무라지 않았다. 부모님과 선생님의 간섭으로부터 해방된 현실. 이 얼마나 꿈꾸었던 일인가! 이제부터 내가 하고 싶은 일을 마음대로 하면서 제대로 나의 인생을 살아 보리라 마음먹었다.

대학 공부는 어렵고 낯설었지만, 이제는 스스로 책임지고 알아서 하겠다고 다짐했다. 시간마다 강의실을 옮겨 다니는 것도, 정해진 자리가 없어 아무 데나 앉아도 되는 것도, 제각각인 교수님의 강의 방법이나 평가 기준도 고등학교 때와는 완전히 달랐다. 어디서부터 어디까지 공부해 오라는 선생님의 지시를 따르지 않고 스스로 알아서 하지 않으면 안 되는 학습 방법에 좀처럼 적응이 되질 않았다. 그럼에도 첫 학기에는 평균 B학점을 받을 수 있었다. 운이 좋았던 것일까?

하지만 시간이 갈수록 나는 캠퍼스의 자유와 낭만만을 탐닉하려는 사람이 되어 갔다. 공부는 대충 해도 중간은 할 수 있다는 안이한 생각을 했던 것이다. 차츰 평점은 B에서 C로, C에서 D로 조금씩 미끄러지더니, 2학년 2학기 때는 마침내 학사 경고를 받고 말았다. 평점 4.5 만점에 1.8. 그것도 22학점 중에서 6학점은 아예 F를 받았다.

당연한 결과였다. 그런데도 성적표를 막상 받고 보니 의기소침해졌다. 자신이 한심했기 때문일까, 아니면 쉽게 인정할 수 없었던 성적 때문이었을까? 나도 모르는 사이 모든 생활에 자신이 없어져 버렸다. 그제야 대학 생활 2년을 돌아보앉지만 제대로 한 것이라고는 하나도 없었다. 속 빈 강정 같은 생활만 했던 것이다.

잊고 지냈던 열등감이 까마귀 떼처럼 달려들었다. 희미해져 가던 지난날의 한심했던 기억들이 휘몰아쳐 왔다. 초등학교에 입학하면서부터 나는 연약하기 짝이 없는 어린아이였다. 중학교 시절에는 그렇고 그런, 존재감 없는 소년이었다. 고등학교 졸업을 앞두고는 소신 있게 원서를 낼 만한 대학을 찾을 수 없을 정도로 '공부 불가 학생'으로 낙인찍힌 열등아가 되어 있었다.

그랬던 내가 당시 신설된 계명대학교 전산학과에 운 좋게도 합격하였다. 하지만, 잠시 주위를 놀라게 했을 뿐 또다시 학사 경고를 받고 말았다. 화가 난 아버지는 "네 주제에 대학에 간 것만 해도 대단하니 공부는 그만해라"라며 야단치셨다. 어머니마저, '너는 공부로는 인간 노릇할 아이가 아니다'라고 생각하시는 것 같았다.

자식의 장래에서 희망을 거두어들이는 부모의 마음은 어

땠을까? 아버지의 마른기침과 어머니의 굽은 허리가 눈앞에 어른거렸다. "아부지! 어무이! 진짜로 지는 안된다꼬예?" 울먹이고 또 울먹였다. 문득 위기감이 몰려왔다. 무엇인가 하지 않으면 안 된다는 소리가 마음속 깊은 곳에서 들려왔다. 살아남기 위한 생존 본능의 발현이었는지도 모르겠다.

하지만 늦었다. 부모님께서는 "더 이상 학교에 다니지 않아도 된다"며 싸늘하게 말씀하셨다. 열심히 해보겠다고, 한 번만 더 기회를 달라고 말씀드렸지만 도무지 믿어 주려 하지 않으셨다. 급기야 대학 생활의 로망이던 긴 머리카락을 빡빡 밀어 버렸다. 달리 방법이 없었다. 아무도 내 말을 들어주지 않았으니 말이다. 그리고는 다음 날부터 까까머리 대학생으로 새벽녘 첫 버스를 타고 도서관에 가기 시작했다.

도서관에 앉아 있노라면 '어쩌다 나는 학사 경고생이 되었을까?'라는 생각이 자꾸 떠올랐다. 스스로가 한심하고 답답했다. 고심 끝에 마침내 결단을 내렸다. 내게 학사 경고라는 명찰을 달아 준 것들을 하나하나 찾아내어 다 지우기로 했다. 그동안 관심을 가졌던 동아리, 새로 만난 친구들, 미래의 애인 생각, 단골이 되었던 막걸릿집 등 세상을 살맛 나게 했던 모든 것들 위에 커서를 올려놓고 사정없이 삭제 키를 눌러 댔다.

그리고는 이때부터 오직 학과 공부에만 매달렸다. 더 정확하게 말하자면 시험공부만 했다. 더 이상 대학의 낭만은 없었다. 하루아침에 빡빡머리가 된 나를 친구들이 이해하기는 쉽지 않았다. 학과에서 성적이 제일 나쁜 녀석이 공부는 저 혼자만 하는 것처럼 도서관에 처박혀 있는 모습은 손가락질 당하고도 남았다. 여기저기서 느껴지는 친구들의 비아냥거림을 견디기란 여간 어려운 것이 아니었다.

하는 수 없이 도서관보다는 친구들을 피해 빈 강의실을 찾아다니며 학과 공부, 오직 시험공부에만 몰두했다. 외로운 섬에 도착한 로빈슨 크루소와 같이 친구도 즐거움도 없는, 몇 달 전과는 전혀 다른 대학 생활을 계속했다.

시간이 갈수록 생활은 단순해지고 삭막해져 갔다. 차츰 친구들과의 관계도 소원해지고 대학 내에서의 활동은 거의 없다시피 했다. 하지만 얻은 것은 있었다. 해야 할 일과 할 일, 해서는 안 되는 일 등의 우선순위와 대학 생활의 대소경중을 헤아리게 되었다. 나도 모르는 사이 선택과 집중이 시작되고 있었다.

가끔씩 대학 생활에서 너무 멀어져 가는 것은 아닌지 불안감이 몰려오곤 했다. 그럴 때마다 짧은 머리를 더 짧게 깎아보기도 하고, "아부지, 어무이, 지는 안된다꼬예?"라며 울먹이던 때를 떠올리기도 했다. 무엇보다, 가능성을 제대로 보여드리지 못했음에도 불구하고 노력하는 모습 하나만 보시곤 다시금 말없이 기다려 주시는 부모님을 생각해서라도 나는 자신을 채찍질하지 않을 수 없었다.

공부에 몰두했다. 공부에 몰두하자 공부가 생각보다 쉬웠다. 공부하는 시간이 절대적으로 많아졌고, 그 외의 다른 일에는 별로 관심이 생기지 않았다. 게다가 공부해야 하는 과목도 5과목이 전부였다. 학사 경고를 받은 학생은 학점 신청에 제한이 있기 때문이었다. 7과목이나 8과목을 수강하는 동기들보다 훨씬 좋은 성적이 나올 수밖에 없었다.

결과는 5과목 모두 A학점. 평점 평균 4.4로 장학생이 되었다. 꼴찌에서 일등으로, 누가 보아도 기적이었다. 솔직히 나 자신도 당황스러웠다. 아니 중간 단계 없는 수직 상승은 실로 현기증이 날 정도였다. 그야말로 세상에 태어나서 처음 경험해 보는 성공이었다. 친하지 않던 친구들이 다가오는가 하면 교수님들 사이에서도 칭찬이 자자했다. 왜 성공해야 하는가? 그 맛과 멋을 알 수 있을 것 같았다. 장학생 통지를 받은 그날은, 되돌아보건대, 열등감으로부터 해방된 허남원 역사의 눈부신 광복절이었다.

성공이 이렇게도 간단한 것이었던가? 도대체 무엇이 이런 엄청난 변화를 불러왔단 말인가? 이 놀라운 변화의 원동력은 과연 무엇이란 말인가? 머리를 빡빡 깎고, 새벽부터 도서관을 향한 실행력! 모든 능력을 공부에만 집중했던 단순함! 젊은 시절, 대학의 낭만을 한 순간에 버리고 책을 택한 과감함! 익숙했던 무능한 과거의 연속에서 새로운 미래에 눈을 뜨기 시작한 창의력! 아니, 무능한 아들을 안타까워하시며 끝까지 지원하셨던 부모님에 대한 뒤늦은 효도심의 발로! 그랬다. 이 모든 것이 어우러져 어느 누구도 예상치 못했던 놀라운 변화를 가져왔던 것이다.

소문은 바람을 타고 동네방네 돌아다녔다. 무능해도 너무 무능했던 학사 경고생이 특급 장학생이 되었다는 놀라운 소식에 사람들은 모두 한마디씩 했다. "해도 해도 안되던 열등생이 기적을 일으켰단다." "몰라서 그랬지 처음부터 타고난 머리가 있는 천재였단다." 우스운 일이었다. 결과만 바뀌었지 나는 분명 그리 변하지도 않았는데 말이다.

기적을 만들고 천재가 되는 비결은 의외로 간단할지도 모른다. 해야 할 일과 해서는 안 될 일을 가리는 취사선택의 지혜를 발휘하고, 하는 일의 우선순위를 조절하면 되는 것이다. 어렴풋이 이러한 사실을 깨닫기 시작한 나에게는, 이때의 경험이 장학생이 되는 것보다 더 큰 성공의 디딤돌이 되었다.

작은 성공은 큰 성공을 부르는가 보다. 대학 시절의 이 조그만 성공이 인생에서 두고두고 큰 힘이 될 줄은 꿈에도 몰랐다. 졸업은 했지만 아무런 대책 없는 백수가 되었을 때, 도쿄 유학에서 완전히 좌절하고 풀 죽은 모습으로 돌아왔을 때, 사업에서 갑작스러운 도산으로 하늘이 무너져 내렸을 때, 나를 다시 일으켜 세운 건 바로 이때의 경험이었다.

사실 성공에는 특별한 전략도 필요 없었다. 여러 가지를 하지 않으면 되었다. 그냥 모든 것을 버리고 한곳에만 집중하면 된다. "언제라도 성공할 수 있다! 학사 경고생도 장학생이 될 수 있다!"

▶ 머리를 빡빡 깎고, 새벽부터 도서관을 향한 실행력! 모든 능력을 공부에만 집중했던 단순함! 젊은 시절, 대학의 낭만을 한 순간에 버리고 책을 택한 과감함! 익숙했던 무능한 과거의 연속에서 새로운 미래에 눈을 뜨기 시작한 창의력! 아니, 무능한 아들을 안타까워하시며 끝까지 지원하셨던 부모님에 대한 뒤늦은 효도심의 발로! 그랬다. 이 모든 것이 어우러져 어느 누구도 예상치 못했던 놀라운 변화를 가져왔던 것이다.

▶ 기적을 만들고 천재가 되는 비결은 의외로 간단할지도 모른다. 해야 할 일과 해서는 안 될 일을 가리는 취사선택의 지혜를 발휘하고, 하는 일의 우선순위를 조절하면 되는 것이다.

언제라도 당신은 성공할 수 있다. 선택해
서 집중할 일은 무엇인가?

1.

2.

공부는
한 만큼 이익

이전과 똑같은 노력을 하였지만 좋은 성적은 계속되지 못했다. 다른 학생들처럼 들어야 하는 과목이 많아지면서 평균 성적에서도 크게 두각을 나타내지는 못했다. 열등생에서 장학생으로, 롤러코스터를 타던 흥분이 가라앉고 또다시 그렇고 그런 학생으로 돌아오니 벌써 4학년이 되어 있었다. 그럭저럭 졸업을 하게 되었지만 미래는 불안하기만 했다.

졸업이 채 일 년도 남지 않았지만 졸업해도 변할 것은 하나도 없을 것 같았다. 저학년 때 받은 낮은 성적으로 전체 평균 평점도 나빴고, 공대생의 기본이라는 자격증도 하나 취득하지 못했다. 일단 군대를 다녀와서 미래를 준비할까도 생각해 보았지만, 내 형편으로는 제대 후에도 직장을 잡기가 힘들어 보였다. 다시 공부해 볼 작정으로 대학원을 준비하려고도 했지만 성적도 실력도 부족했다. 대학 졸업을 일년 앞두고 다시 학사 경고생이 된 기분이었다.

도저히 답을 찾을 수가 없었다. 막다른 골목이었다. 여기서 나는 다시 반기를 들기로 했다. 인생의 승부를 걸었다. 어두운 미래를 앞에 두고 아무런 대책 없이 그대로 살 수는 없었다. '자타가 인정하는 카이스트에 도전하자.' 막상 결정을 하고 나니 주위에서 말들이 많았다. 카이스트는 네가 갈 수 있는 그런 학교가 아니다…, 과거 공부에 소질을 보인 적이라도 있느냐…, 카이스트는 아무나 가는 줄 아느냐….

낮잠만 자던 머슴은 섣달그믐에 나무하러 가고, 게으른 사람은 석양에 바쁘다고 했던가? 괜스레 긴장되고 분주해졌다. 발 빠른 친구들은 이미 군 복무를 하기 위해 떠났고 황량해진 캠퍼스엔 휑하니 바람만 불고 있었다. 노천강당에 혼자 앉아 이 생각 저 생각 곱씹고 있는데 바람결에 '안된다꼬예?'가 들리는 것 같았다.

최선을 다한다면 해결하지 못할 일이 세상에 있겠냐마는 내 경우는 애초부터 사정이 달랐다. 첫 단추부터 잘못 끼운 것이다. 지방대 열등생은 처음부터 다른 길을 갔어야 했다. 졸업 후의 암담한 현실이 예측되지 않은 것은 아니었지만, 도중에 다르게 대처할 방법이 없었다. 어쩔 수 없이 거기까지 떠밀려서 온 것이었다.

대한민국에 어쩌면 나 같은 학생이 의외로 많을지 모른다. 나이가 들고 세상을 조금 알게 되어 새로운 각오로 학업에 임하려 하지만, 열심히 노력해서 실력을 키워도 인정받을 수 없다고 생각하는 사람들 말이다. 아무리 열심히 해도, 흔히들 말하는 일류 대학에서 안이한 생활을 하는 학생들보다 인정을 받지 못한다며 낙담하는 사람들이 많기에 하는 말이다.

내가 그러했다. 그때까지 나는 장래가 촉망되는 학교에 다녀 본 적도 없었고 그런 곳에서 우수한 성적을 받은 적은 더더욱 없었다. 그러니 대학을 졸업해도 희망이 보이지 않는 것은 당연했다. 그런 사실을 알면서 왜 대책 없이 노력만 계속해 왔던 것일까? 노력해도 안 되는 줄 알면서 왜 그랬을까? 때늦은 후회가 엄습해 왔다.

한번 인생을 완전히 바꿔 보고 싶었다. 성적과 대학의 콤플렉스에서 벗어나고 싶었다. 입학만 하면 장래가 보장되는 그런 학교에 다니고 싶었다. 물론 그런 학교는 내가 쉽게 진학할 수 있는 곳이 아니었지만, 그래도 그런 곳을 목표로라도 해보고 싶었다. 당시 그런 대학원은 몇 군데밖에 없었다. 그 중에서도 졸업 후 직장이 보장될 뿐만 아니라 군 복무가 면제되는 곳은 카이스트밖에 없었다. 그만큼 카이스트는 모든 공대 졸업생들이 진학하고 싶어 하는 꿈의 대학원이었다.

대학 졸업과 동시에 카이스트에 입학하자! 카이스트가 목표로 보이자 용기가 생겼다. 용기가 생기자 희망이 보였다. 희망이 보이자 바빠지는 현실까지 기쁘기만 했다. 그때까지 한 번도 그런 수준의 학교를 목표로 한 적이 없었기 때문이었다. 언제나 내 생각은 너무 안이했고 내 태도는 지나치게 우유부단했다.

지레 겁을 먹고, 합격해도 미래가 여전히 불안한 그런 학교만을 목표로 했었다. 안 돼도 좋다. 이제는 정말 원하는 학교를 향해 시작하는 거다. 모험에 가까운 이런 용기는 어디서 왔을까? 변해 가는 나 자신이 스스로 놀라웠다.

담대한 마음으로 시험을 준비해 갔다. 졸업을 앞둔 불안은 사라지고 공부가 편하고 즐겁게 느껴졌다. 하지만 걱정하는 소리가 다시 주위에서 들려오기 시작했다. "그런 학교는 네가 들어갈 학교가 아니야", "네가 언제 공부를 잘한 적이 있니?", "꿈도 분수를 알고 꾸어야지" 등 걱정이 아니라 비웃음으로 들렸다.

아닌 게 아니라 공부는 날이 갈수록 힘에 부쳤다. 기본 실력이 턱없이 모자랐기 때문이었다. 자신이 없어지자 공부 이외의 일들에 점점 신경이 쓰이기 시작했다. '장래가 촉망되는 젊은이 흉내를 내며 행복해져 보려고?' 하는 회의가 밀려왔다. 생각만 해도 울화통이 터졌다. 4학년 1학기 초부터 조금씩 불 지폈던 카이스트를 향한 도전 의지는 가을이 되면서 완전히 꺼져 가고 있었다.

꿈꾸던 카이스트를 포기하려 할 즈음이었다. 무거워진 머리를 비우려 고향을 찾았다. 오랜만에 찾은 한적한 시골 마을이 포근하게 나를 맞아 주었다. 그리고 사촌 형을 만났다.
형은 조용한 고향 마을에서 아무런 일도 하지 않고 그때까지 오로지 공부만 하고 있었다. 사람들이 농사일 나간 낮에도, 모두가 치쳐 잠든 밤에도 조용한 골방에서 몇 년째 고시 공부 중이었다. 그래도 형은 우리 가문의 자랑이었다. 고등학교 졸업 자격도 검정고시로 획득하고 국립대 법정 대학에 입학한 인재였다.

그리고는 혼자서, 그것도 시골 골방에서 고시 공부를 계속
해 왔다. 형의 집은 고향 동네에서도 가장 모퉁이, 그것도 산
바로 아래 있었다. 법률 책들로 가득 찬 골방에서 미래의 길
을 밝히기 위해 몇 년째 씨름하고 있었다. 형은 갑자기 찾아
간 나를 어두운 방에서 환한 미소로 맞아 주었다. 비록 마르
고 기운은 없어 보였지만 형에게는 말로 표현하지 못할 지
혜와 기품이 보였다. 인도의 간디 수상이 그랬을까?

하지만 형이 준비하는 고시는 얼마나 어려울까? 그것도
혼자서 공부한다는 것은 얼마나 힘들고 외로운 싸움일까?
외경심과 함께 나는 형에게서 동병상련을 느꼈다. 위로라도
하고 싶었다. 우선 나의 한심한 입장을 말했다. 그리고는 형
의 고충도 들어주고 싶었다.

"형, 저도 형처럼 시험 준비를 하는데 도저히 합격할 것 같
지가 않아요. 그래서 도망치다시피 고향에 왔는데, 형도 고
생이 정말 많으시네요."

형만 고생하는 것이 아님을 알려 주려 했지만 형의 대답은

뜻밖이었다.

"그래? 공부하는 게 고생이라고? 공부는 한 만큼 이익이 아니니?"

정말이었다. 뒤통수를 맞은 기분이었다. 한 번도 생각해 본 적 없는 뜻밖의 말이었기 때문이다. '공부는 하면 할수록 사람을 현명하게 만든다?' 어느 학교, 어느 시험에 합격했다고 똑똑해지는 게 아니라 공부를 하기 때문에 그렇게 된다는 것이었다. 그렇다. 법학이든 공학이든 공부는 한 만큼 우리를 더 현명하게 만든다. 공부는 성공의 방편이나 출세의 수단이 아니라 그 자체가 목적인 것이다.

'나는 왜 지금까지 이렇듯 단순한 진리를 모르고 있었을까? 여태껏 나는 장사치 공부를 하고 있었구나. 돈 놓고 돈 먹기! 바로 그것이 아니었던가?'

내게 공부란 투자하면 반드시 결과가 있어야 하는 게임이었다.

"공부는 한 만큼 이익이다"라는 형의 한마디는 천금 같은 수확이었다. 그동안의 초조했던 마음과 불안함이 봄눈 녹듯이 사라졌다. 공부든 사업이든 대부분의 경우 사람들은 실행하기 전에 스스로 포기한다. 끝까지 자신을 믿고 나아가야 하지만 대부분의 경우 지레 겁을 먹고 스스로 포기하기에 목표를 이루지 못하는 것이다.

어떠한 경우에도 공부하는 만큼 우리는 현명해진다. 이러한 깨달음은 입시 공부의 불안함에서 나를 해방시켜 주었고, 시험 전에 스스로 포기하려 했던 우매함으로부터 나를 구해 주었다.

'가자. 진정한 학업의 길로 가자. 어차피 공부는 나의 길이요 운명이다.'

무의식 속에서 들려오기 시작한 이 말은 시든 풀밭에 쏟아지는 소나기처럼 내 삶에 생기를 불어넣었다.

▶ 법학이든 공학이든 공부는 한 만큼 우리를 더 현명하게 만든다. 공부는 성공의 방편이나 출세의 수단이 아니라 그 자체가 목적인 것이다.

▶ 어떠한 경우에도 공부하는 만큼 우리는 현명해진다. 이러한 깨달음은 입시 공부의 불안함에서 나를 해방시켜 주었고, 시험 전에 스스로 포기하려 했던 우매함으로부터 나를 구해 주었다.

Key Point   멘토는 필요한 인생의 길잡이다. 당신의
이상적인 멘토는 누구일까?

My Action

1.

2.

드디어 대학을 졸업했다. 하지만 졸업장은 나에게 별 의미가 없었다. 그보단 무엇을 해야 할지, 무엇을 하면 되는지가 훨씬 더 중요했다. 몇 군데 회사에 지원서를 제출하기도 하고, 대학원에 응시하기도 했지만 죄다 낙방이었다. 나의 졸업장과 성적표는 내가 원하는 사회로의 입장권이 되지 못했다. 길이 보이지 않았다. 현실은 암담했다.

졸업은 종착역이었다. 더 이상의 경쟁도 없고 더 이상 갈

길도 없었다. 그렇다고 머리를 깎고 입대하는 것이 바람직한 출구 전략이 될 수도 없었다. 졸업이라는 종착역을 새로운 목표를 향해 가는 환승역으로 바꾸지 않으면 안 되었다. 어렵더라도 다시 시작할 직장이나 대학원을 찾아야 했다.

하지만 군대 미필자의 입사 지원서는 서류 면접에서 떨어졌고, 지방대 학사 경고생이라는 주홍 글씨는 원하는 대학원의 입학을 가로막았다. 그래도 어디로든 가라고, 이제는 어디로든 떠날 때가 되었다고 내 등을 떠미는 시간의 손이 가혹하게만 느껴졌다. 이제 어떻게 해야 한단 말인가? 방법은 정말 없는 것일까?

'내가 개로 태어났으면 죽을 때까지 개로 살아갈 수밖에 없겠지만, 나도 사람으로 태어났으니 분명히 더 멋진 사람으로 변할 수 있을 거야. 노력만 하면 천재가 될 수 있는 거야'라고 생각을 바꾸었다. 그렇게 해서라도 스스로를 자극해 보려 했다. 현실은 최악에 직면했지만, 최선의 이상을 바라보려 했던 것이다. 그리곤 다시 대학원 준비에 박차를 가했다.

　하지만 카이스트 대학원 입학은 내게 무리였다. 노력한 보람도 없이 졸업하면서 본 입학시험에서 당연히 떨어지고 말았다. 우선 그동안 공부해 온 과정을 차근차근 되돌아보았다. 시험을 위해서 보았던 원서가 무려 24권이나 되었다. 끙끙거리며 읽었던 책들의 이름을 적어 보았다. 컴퓨터구조, 운영체제, 자료구조, 알고리즘, 컴파일러, 데이터베이스, 이산수학, 소프트웨어공학, 오토마타, 컴퓨터네트워크, 분산처리시스템, 인공지능 등 총 24권의 내용들을 열거하며 점검해 보았지만, 완전히 이해한 것은 하나도 없었다.

　4시간 동안 보았던 입학시험에서는 제대로 쓴 답안이 하나도 없었다. 시험 문제가 복잡하리라는 예상과는 달리 각 분야의 기본적인 핵심 개념을 묻는 내용이 많았다. 파이프라인 컴퓨팅 개념과 설계 방법, 유닉스를 이용한 네트워크

구성, 소프트웨어공학의 새로운 개념인 하이포(HIPO)를 설명하라는 등 문제 자체는 간단하였지만 원리를 알지 못하면 시작할 수 없는 문제들이었다.

내 예상과 달랐던 카이스트 대학원 시험 문제는 너무나 어렵게 느껴졌고, 나의 실력이 너무나 보잘것없음을 다시 한번 절감했다. 어쩔 수 없이 열등생임을 재확인하는 아픈 순간이었다. "네가 갈 만한 그런 학교가 아니야"라고 하시던 교수님의 말씀이 귓가를 울렸지만 나는 결코 그만둘 수 없었다. '나는 개가 아닌 사람이니까… 나는 개가 아닌 사람이니까….' 스스로를 다독이고 또 다독였다. 하지만 그동안 공부했던 책들을 다시 펼쳐 놓고 보아도 자신 있는 것은 하나도 없었다.

"그래, 능력껏 해 보자." 재수 생활을 시작했다. 이번엔 24권의 책 중에 중요하다고 판단한 3권만을 집중적으로 공부하기로 했다. 컴퓨터의 핵심 구조 원리와 최근 하드웨어 개발 방법을 설명하는 컴퓨터구조, 컴퓨터를 움직이는 마스터 프로그램인 운영체제, 그리고 프로그래밍 개념을 키워 주는 자료구조였다. 기본 중의 기본인 3과목만 선택한 것이다. 자신의 수준과 능력에 맞추어 내린 결정이었다. 이를테면 자기주도 맞춤형 공부 전략을 세웠던 것이다. 그러고는 밤낮없이 공부에 매달렸다. 결코 쉽지 않았다. 하지만 남들이 한다면 나도 할 수 있다는 생각으로 일 년 내내 공부만 했다.

해가 바뀌고, 두 번째 카이스트 대학원 입학시험일이 되었다. 전국에서 몰려온 수험생들로 수험장이었던 카이스트와 이웃한 경희대학교 캠퍼스가 가득 찼다. 부모님과 동문들을 후원군으로 대동한 당당한 수험생들을 보며 가슴은 더욱 움츠러들었다. 하지만 전혀 기죽지 않았다. 오히려 합격 가능성이 낮았던 나에게 또다시 응시할 기회가 주어진 것에 감사할 뿐이었다. '이것만 해도 나는 행운아다.'

대부분의 문제는 지난해와 마찬가지로 제대로 풀지 못했지만, 내가 집중해서 공부했던 전산기구조, 운영체제, 자료

구조에 관한 문제만큼은 확실하게 풀었다. 각 책에 있는 내용을 완전히 이해함은 물론, 연습 문제까지 전부 풀어 보고 그 내용도 완벽하게 이해하고 있었기 때문이다.

봐야 할 원서 24권 중에 확실히 공부한 책은 고작 3권. 솔직히 합격을 기대하기는 어려웠다. 망설이다가 합격자 명단을 확인하지 않기로 했다. 불합격의 아픔을 감내할 자신이 없었기 때문이다. 대신 함께 카이스트에 응시한 친구에게 혹시 내 이름도 합격자 명단에 있는지 살펴봐 달라고 부탁했다. 아무런 연락이 없었다. 불합격이라고 생각했지만 그래도 궁금했다. 전화를 걸었다. 가슴이 다시 쿵쿵 뛰기 시작했다.

"거기 카이스트지요? 시험 결과를 알고 싶어서요. 저, 2233번 허남원인데요."

"예, 축하합니다. 합격입니다. 우수한 성적으로 정식 합격되셨습니다."

"제 이름이 허남원인데요, 진짭니까?"

"아, 예, 그렇다니까요."

"수험 번호가 2233번인데 합격 맞나요?"

"예, 말했잖아요. 몇 번이나 말해야 해요?"

그 사람은 퉁명스럽게 전화를 끊어 버렸다. '진짜 합격이라면 왜 그렇게 퉁명스러운 거지?' 아무리 생각해도 믿기지가 않았다. 밥상에 있던 젓가락으로 손바닥을 찔러 보았다. 손목에 굵직한 빨간 선이 몇 개나 생기도록 긋고 또 그었다. 도무지 아프지가 않았다. 감각이 없어진 것이다. 중력도 느껴지지 않았고 시간도 흐르지 않는 그런 이상한 순간이었다.

꿈인지 생시인지 확인할 길이 없었다. 부모님께 전화를 드렸다. 아버지는 근무 중이라고 하시며 금방 전화를 끊었다. 외가에 가셨던 어머니도 집에서 보자고만 하시고는 별로 믿으시는 것 같지 않았다. 손목에 그었던 젓가락 자국은 벌겋게 부어오르고 있었지만, 도무지 합격했다는 사실을 믿을 수가 없었다.

급하게 택시를 타고 교수님을 찾아갔다.

"교수님, 제가 합격했습니다."

교수님은 말씀이 없으셨다. 한참 동안 그냥 바라만 보셨다.

"그 어려운 시험을 어떻게 네가…. 그리고 내가 그토록 어려울 것이라고 했는데도 계속 도전했단 말이냐?"

도저히 믿기지 않는다는 표정을 지으셨다.

"그래서 합격한 것입니다. 교수님께서 솔직히 말씀해 주셨기 때문에, 그래서 더 열심히 할 수 있었거든요."

정말 교수님이 아니었다면 일어날 수 없는 기적이었다. 어려울 것 같다고 굳이 말씀해 주지 않으셨다면 나는 그렇게 노력하지도 않았을 것이다. 요즈음 대학에서는 이만큼 제자의 일에 관심을 갖고 관여하는 교수를 찾아보기가 쉽지 않다. 학생들의 권리를 지킨다는 미명하에 이런 식의 엄격한 지도는 더 이상 환영받지 못하는 세상이 되었는지도 모른다. 하지만 나는 나의 교수님처럼 그런 실질적인 지도를 하는 선생으로 남을 것이다.

▶ '내가 개로 태어났으면 죽을 때까지 개로 살아갈 수밖에 없겠지 만, 나도 사람으로 태어났으니 분명히 더 멋진 사람으로 변할 수 있을 거야. 노력만 하면 천재가 될 수 있는 거야'라고 생각을 바꾸었다.

▶ "그래, 능력껏 해 보자." 재수 생활을 시작했다. 이번엔 24권의 책 중에 중요하다고 판단한 3권만을 집중적으로 공부하기로 했다.

노력하면 누구나 천재가 된다. 당신이 환
승역으로 바꿀 현재의 종착역은?

1.

2.

학교에서 만난
귀신들

귀신은 겁이 많은 사람에게만 나타난다고 한다. 귀신을 여러 번 만났지만 나는 언제나 정면 승부했다. 과연 나는 겁쟁이인가 용기 있는 사람인가?

첫 번째 귀신은 내가 대학을 졸업하고 조교 생활을 할 때 만났다. 낮에는 학과 업무로 바빴지만 밤이 되면 나는 대학원 수험 준비로 밤샘을 하기 일쑤였다. 시내에 있던 대학이 교외로 이전하면서 내가 있던 과가 가장 먼저 옮겨 갔는데,

새로 지어진 건물은 무덤이 많고 간간이 나무만 한두 그루
있는 들판 한가운데 있었다. 외딴 건물, 아무도 없는 실험실
에 혼자 남아 공부하는 것은 무서웠다. 하지만 입학시험이
임박해 있었으니 어쩔 수 없었다. 무서워서 잠이 안 오면 공
부에 집중할 수 있어 오히려 좋다고 생각할 즈음이었다.

1983년 9월 22일, 대구미문화원 폭발 사건이 터졌다. 광
주 민주화 운동 진압을 묵인한 미국에 반감을 가진 대학생
들이 사제 폭탄을 만들어 투척한 사건이었다. 이 사건으로
대구 지방의 이공 대학 실험실들은, 폭탄을 만들 가능성이
있다는 이유로 야간에는 출입이 엄격히 통제되었다.

이때는 내가 준비하고 있던 카이스트 입학시험이 두 달도
남지 않은 때였다. 실험실에서 마지막 입학시험 준비를 하
던 나는 폭탄 투척을 정면에서 받은 듯 충격을 받았다. 고민
끝에 나는 실험실에서 나가는 빛을 철저히 차단하고 숨어서
공부를 계속하기로 결심했다. 가상의 귀신보다도 실제의 감
시가 더 무서워지는 상황이 되었다.

그러던 어느 날 밤, 정각 자정 12시. 고요했던 캠퍼스를 뒤덮는 기괴한 소리가 들렸다.

"학도여- 학도여- 청년 학도여-"

오래된 풍금 소리였다. 어제쯤 이장해 간 무덤에서 들리는 듯한 소리였다. 문제는 그 소리가 그 다음 날에도 들리는 것이었다. 12시만 되면 언제나 똑같은 학도가의 풍금 리듬이 들려왔다.

정말 무서웠다. 그렇지만 숨어 지내는 상황에서 그런 말을 누구에게도 할 수 없었다. 그래도 12시가 지나면 덜 무서웠다. 귀신이 지나갔다고 생각했기 때문이었다. 일주일에 한 번씩, 12시가 되어도 그 소리가 들리지 않는 날은 오히려 밤새 공포에 떨어야 했다. 언제 그 공포의 소리가 들려올지 알수가 없었기 때문이다.

보통날에도 해가 질 무렵부터는 12시가 되면 들려올 그소리가 무서워 공부에 집중이 되지 않았다. 어쩔 수 없이 실험실에서의 밤샘을 포기하려다 직접 해결하기로 했다. 쇠파이프를 준비하고 기다렸다. 12시경 풍금 소리가 또다시 들렸다. 나는 쇠 파이프를 단단히 잡고 실험실 문을 열고 컴컴한 복도로 나갔다. 풍금 소리의 진원지가 계단 쪽임을 짐작할 수 있었다. 어둠 속을 더듬어 계단 쪽으로 나갔다. 나선식 계단은 울림통이 되어 소리를 증폭시켰고, 이로 인해 몇 층에서 소리가 나는지 알기 힘들었다.

며칠간의 노력 끝에 그 소리가 지하에서 들리는 것임을 알았다. 아마도 풍금 소리의 주인공은 그 빌딩의 지하 무덤에 있었으리라. 떨렸지만 지하 바닥까지 내려갔다. 컴컴한 지하에 도착해서 들으니 그 소리는 위층에서 들리고 있었다. 정말 귀신이 곡할 노릇이었다. 아마도 하늘에서 들리는 것인지도 몰랐다. 이러기를 며칠 되풀이하는 동안 마침내 그 소리의 진원지가 2층 교수 휴게실이라는 것을 알게 되었다.

이제 귀신을 잡을 수 있게 되었다. 12시가 되기를 기다렸다. 예상대로 불 꺼진 교수 휴게실에서 풍금 소리가 들리기 시작했다. 오른손에 쇠몽둥이를 잡고 왼손으로 교수 휴게실 문을 열어젖혔다. 순간! 커다란 교수 휴게실 반대편 창문 쪽에서 황금 해골이 나를 보고 웃고 있었다. 문 옆의 전원 스위

치를 눌렀다.

귀신의 정체는 뜻밖에도 경비 아저씨였다. 창밖의 할로겐 가로등에 반사된 아저씨의 얼굴이 황금 해골로 보였던 것이다. 아저씨는 몇 달 전부터 경비를 맡은 분으로 옛날부터 음악을 무척 좋아하셨다고 했다. 그리고 근처 폐교된 초등학교에 있던 주인 없는 풍금을 교수 휴게실에 옮겨 두었다고 하셨다. 아저씨는 매일 정확히 12시가 되면 그곳의 순찰기에서 순찰 시간을 찍었고, 순찰을 계속하기 전에 그곳에서 풍금을 치셨다고 했다. 풍금을 치지 않는 날은, 일주일에 한 번, 비번일 때라고 하셨다. 나를 괴롭히던 귀신의 정체가 완전히 밝혀진 순간이었다.

내가 만난 귀신 중에는 젊은 귀신도 있었다. 대학원에 다닐 때였다. 누구보다 열심히 공부했던 나는, 새벽이면 기숙사로 돌아가는 친구들과 다르게 연구실에서 밤을 새우곤 했다. 그러던 어느 겨울 아침이었다. 나는 그 전날도 밤샘을 하다가 책상 위에서 졸고 있었다. 아침이 되자 친구들이 연구실로 들어왔다.

"이야, 남원이는 어제도 밤샘했구나. 일어나! 아침 먹어야지. 기숙사 식사 시간 다 끝나 가."

선잠에 들린 소리였지만 친구들임을 알았다. 나를 놀리는 것 같았지만 모른 척 계속 잠을 자기로 했다. 한 친구가 놀려 보자며 성냥에 불을 붙여 내 발 끝에 가져왔다. 나는 친구들을 무안하게 하고 싶었다. 뜨거움을 참고 또 참았다. 그러나 마침내 너무 뜨거워 눈을 뜨고 말았다.

연구실에는 아무도 없었고 연기가 가득 차 있었다. 알고 보니 내가 발을 난로 속에 넣은 채로 잠이 들었던 것이다. 양말에 불이 붙었는지, 드러난 발가락들은 다 익은 소시지처럼 벌겋게 익어 있었다. 연구실에 있던 그들은 귀신도 아니었고, 그냥 내가 꿈속에서 본 친구들이었다. 불에 덴 발가락보다 당황한 내 마음을 다스리기가 더 힘들었다. 나는 왜 이럴까?

그러나 나는 진짜 귀신도 보았다. 내가 포항공대에 다닐 때였다. 나는 변함없이 학업에 최선을 다하고 있었다. 이때는 결혼을 했기 때문에 이전처럼 밤샘하기는 어려웠다. 하지만 학기 말이 되면 과제가 많아 새벽까지 실험을 하지 않으면 안 되었다.

그러던 어느 날, 크리스마스가 막 지났을 때였다. 새벽에야 과제를 마치고 집으로 돌아가려고 연구실 문을 여는 순간 긴장이 되었다. 학교 앞의 형산강과 논밭은 물론 도로가 밤새 내린 눈으로 하얗게 뒤덮여 있었다. 길이 얼어서인지 너무 깊은 새벽이어서인지 차들이 보이지 않았다. 그러나 가장인 나는 가족이 기다리는 집으로 가야 했다. 미끄러운 길을 달려 안강, 영천, 금오를 지나 대구로 가는 마지막 관문, 팔공산자락 아래 도착했다.

이제 해발 1,200m의 팔공산만 넘으면 우리 집이 있었다. 아무도 없는 팔공산을 자동차 바퀴가 미끄러지는 것을 느끼며 서서히 오르기 시작했다. 평소와 다르게, 달빛마저도 눈빛처럼 싸늘하고 무서운 밤이었다. 정말 무서운 것은 정상 부근에 있는 공동묘지 옆을 지날 때였다. 길도 무덤도 그 주위의 나무들도 차디찬 달빛에 비쳐 더욱 으스스하게 보였다.

바로 그때 흰옷을 입은 여인이 길가에 서 있는 것을 보았
다. 살려 달라는 듯, 차를 세워 달라는 듯, 손을 흔들며 미소
짓고 있었다. 주위 풍경과 너무나 달랐던 그 여인의 미소. 바
로 보기 무서워 고개를 숙이고 운전을 계속했다. 순간! 속도
계 바늘이 춤추는 것이었다. 검은 바늘이 0에서 280 숫자 사
이를 미친 듯이 왔다 갔다 했다. 머리카락이 쭈뼛 서고 등골
이 오싹해졌지만, 얼어붙은 길이라 속도를 낼 수도 없었다.
식은땀 범벅이 되어 아파트에 도착했다. 겨우 시동을 끄고
집으로 기다시피 해서 들어갔지만, 공포로 잠을 쉽게 이룰
수 없었다.

다음 날 차의 바늘은 정상이었지만 차는 어제와 다른 느낌
이었다. 그래도 용기를 내어 천천히 차를 몰아 가까운 정비
소로 갔다. 정비사가 믿을 수 있도록 최선을 다해 지난밤에
있었던 일을 설명했다.

"저, 어제 저기 팔공산 꼭대기를 지날 때였어요. 주변에는
아무도 없었고요. 달빛마저 하얗게 된 그때, 갑자기 속도계

바늘이 0에서 280 사이에서 춤추기 시작하는 것이었어요. 진짜 제가 분명히 계기판을 보았거든요. 저는 공학도이거든 요…."

내 이야기를 쭉 듣고 있던 정비사가 말했다.

"저, 이 차 대략 이십만 킬로미터 달리셨죠? 속도계를 갈 면 되겠네요."

그랬다. 나는 여러 번 귀신을 보았지만, 사실 그들은 귀신 이 아니었다. 헛것을 본 것이었다. 모두가 내 마음속에서는 생생하게 존재했지만, 실제로는 없었던 것이다. 귀신의 정 체는 바로 내 마음이었다. 그 외에도 나는 불가능의 귀신을 여러 번 보았다. 하지만 이 또한 내 마음에만 있었지, 실제로 만나 보고 실행하니 불가능의 귀신은 저절로 사라졌다.

▶ 귀신은 겁이 많은 사람에게만 나타난다고 한다. 귀신을 여러 번
만났지만 나는 언제나 정면 승부했다.

▶ 나는 여러 번 귀신을 보았지만, 사실 그들은 귀신이 아니었다.
헛것을 본 것이었다. 모두가 내 마음속에서는 생생하게 존재했
지만, 실제로는 없었던 것이다. 귀신의 정체는 바로 내 마음이
었다. 그 외에도 나는 불가능의 귀신을 여러 번 보았다. 하지만
이 또한 내 마음에만 있었지, 실제로 만나 보고 실행하니 불가
능의 귀신은 저절로 사라졌다.

일체유심조(一切唯心造). 당신 마음이 만
들어 낸 불가능의 귀신을 찾아내자.

1.

2.

1986년 카이스트 대학원을 졸업하고, 대덕 연구 단지에 있는 한국전자통신연구원(ETRI)의 연구원으로 근무를 시작했다. 국내외 유명 대학에서 학위를 받은 엘리트 연구원들과 일하면서 그들의 능력과 지식이 부럽기도 했고 함께 국가에 기여한다는 자부심도 느꼈다. 어릴 적부터 공부를 그리 잘하지는 못했지만, 이제라도 나라가 필요로 하는 엘리트 박사가 되는 과정을 한번 밟아 보기로 했다.

하지만 지방대 학사 경고 출신이 딱지가 되어 원하는 대학의 박사 과정에서는 받아 주지를 않았다. UCLA, 스탠퍼드, 옥스퍼드, 케임브리지 등 외국 대학교에도 끊임없이 입학 지원서를 보냈지만, 똑같은 이유로 계속해서 거절당했다. 국내와 마찬가지로 외국의 유명 대학교들도 입학시험 성적 만이 아니라 학부 시절의 성적을 입학 조건에 크게 반영하 기 때문이었다. 대학 시절의 나쁜 성적으로는 원하는 박사 과정에 진학할 수가 없었던 것이다.

이미 극복했다고 생각한 나쁜 성적이 족쇄가 될 줄이야. 연좌제가 따로 없었다. 더 이상 갈 곳이 없었다. 그러나 외국 의 유명 대학에서 공부하고 싶은 마음을 접을 수가 없었다. 그러기 위해서는 현실을 뛰어넘는 엄청난 용기가 필요했다. 유학이라는 목표를 정한 만큼 우선 영어 실력을 길러야겠다 는 생각이 들었다. 무턱대고 영어 공부를 시작했다.

영어에는 처음부터 자신이 없었던 나는 중고등학생 시절 에 보았던 기본 영어책부터 다시 보기 시작했다. 대부분의 대학생들이나 일반인들은 토플책이나 《Vocabulary 22000》

심지어 《*Vocabulary 33000*》 같은 책들을 보고 있었지만, 중고교 시절에 한 번도 영어를 잘해 본 적이 없었던 나는 기본서부터 볼 수밖에 없었다.

무엇 하나 쉬운 것은 없었다. 분명한 목표가 있었기에 정말 열심히 공부했지만, 모의시험에서 도무지 점수가 오르지 않았다. 남들은 곧잘 풀어내는 기본적인 문제들을 해결하지 못했기 때문이었다. 어쩔 수 없이 또다시 기초 과정으로 돌아갔다. 어쩌면 밑 빠진 독에 물 붓기였지만 나는 그렇게 영어의 기초를 다져 갔다.

연구원 근무 3년 뒤에 계명문화대학교 교수가 되었지만 변함없이 평소의 꿈과 영어 실력을 꾸준히 키워 갔다. 그러던 어느 날 교육부에서 온 '일본 문부성 장학생 모집 시험' 공문을 보게 되었다. 당시 이 시험은 어렵기로 소문이 나 있었다. 전공 분야의 실력을 입증해야 하는 것은 물론, 높은 수준의 영어 실력에 일본어도 능숙해야 했다. 그야말로 하늘의 별 따기였다. 하지만 그런 만큼 혜택도 많았다. 유학 기간

동안 받는 장학금도 많았고, 성적이 우수한 경우 원하는 대학으로의 지원도 가능했다.

매력적이었다. 공짜로 유학을 갈 수 있다니! 내 형편에선 이보다 더 좋을 수가 없었다. 누가 뭐래도 내게는 하늘이 내려 준 천재일우의 기회였다. 놓치고 싶지 않았다. 아니 놓쳐서는 안 됐다. 비록 일본어 공부는 해 본 적이 없고, 자신 있게 내놓을 정도의 전공 지식도 딱히 없었지만 그래도 나는 도전하기로 마음을 굳혔다. 무모한 도전일 수도 있었다.

하지만 영어 공부는 계속 해 오고 있었기에 어느 정도 자신이 있었고, 전공도 대학 성적과는 상관이 없었다. 대학원 성적은 꽤 괜찮은 편이었기에 일본어만 열심히 준비하면 되었다. 어느새 말로만 듣던 도쿄대가 눈앞에 어른거렸다. 피가 끓기 시작했다. 쇠를 먹어도 소화시킨다는 젊은 나이에 무엇이 두려우랴!

목표가 분명해지자 곧바로 행동에 돌입했다. 먼저 문부성 장학생 선발 시험 중에서도 가장 어렵다는 일본어 시험을 분석해 보았다. 의성어와 의태어가 중요함을 알 수 있었다. 그것은 일본 현지에서 살아 봐야만 자연스럽게 배울 수 있는 것이었다. 당시 우리나라에 있는 일본어 학습서로는 도저히 배울 수 없는 내용들이었다.

그러나 의성어, 의태어가 아무리 어렵기로 일본 문부성 시험을 포기할 이유가 될 수는 없었다. 그것이 내 인생의 유일한 돌파구가 될 것이라 믿었기 때문이다. 해결책을 강구했다. 헌책방을 들락거리며 일본어책을 뒤적였다. 하늘은 스스로 돕는 자를 돕는다고 했던가. 일본의 소리인 ざあざあ(주룩주룩)와 같은 의성어와 몸짓을 가리키는 ぶうぶう(투덜투덜), ぴんぴん(펄떡펄떡), ぶるぶる(부들부들), うきうき(싱숭생숭), じろじろ(말똥말똥)와 같은 의태어로 가득한 만화책들이 나를 기다리고 있었다.

순간 무릎을 탁 쳤다. 그래 바로 이거다. 만화가 답이다. 나는 즉석에서 60편짜리 일본 만화 삼국지 시리즈를 샀다. 집에 돌아오자마자 바로 읽기 시작했다. 읽고 또 읽었다. 하지만 무작정 일본 만화책을 읽는 학습 방법에는 문제가 많

다는 것을 알았다. 무엇보다 아무리 용을 써도 의미를 이해
하기가 쉽지 않았다. 기초부터 시작하지 않아 일본어 학습
이 사상누각이 되지 않을까 은근히 걱정되기도 했다.

그러나 장점도 많았다. 일본어에는 우리가 사용하는 한자
어가 많이 나오며 어순이 거의 같고 발음도 크게 어렵지 않
았다. 비록 뜻을 이해하기에는 어려움이 있다 해도 사전만
있으면 얼마든지 읽을 수 있었다. 한 번 읽고 두 번 읽고 횟
수를 거듭할수록 단어가 눈에 들어왔다. 문장도 조금씩 이
해되기 시작했다. 만화책이라 재미도 있었다. 재밌으니 더
열심히 읽었다. 읽고 또 읽었다. 어느새 일본어가 한눈에 들
어오기 시작했다. 일본어는 어렵지 않았다.
분석보다는 흥미를 중심으로 했던 만화 일본어 공부. 아무
도 시도해 보지 않았던 나만의 특별한 학습 방법이었다. 학
습 효과를 예측할 수 없어 불안하기도 했지만, 흥미로운 방
법이라는 점은 분명했다. 한편으로는 내심 나만의 학습법을
증명해 보이고자 하는 욕망이 발동해 더 열심히 노력할 수

있었다.

서울대학교 시험장은 문자 그대로 장관이었다. 전국에서 몰려온 1만여 명의 수험생들로 가득 찬 캠퍼스를 보고 지레 겁을 먹기도 했지만, 이내 승부사의 자세로 모드를 바꾸었다. 시험장은 승자만이 살아남을 수 있는 냉혹한 전장이나 다름없었다.

필기시험의 첫 번째 영역이었던 영어는 평소 실력으로 무난히 치렀다. 영어권 시험을 준비하는 사람들과의 경쟁이 아니었기에 비교적 우수한 성적이리라 자위했다. 다음은 일본어 시험이었다. 걱정이 밀려왔다. 열심히 공부하긴 했지만 그래도 자신할 정도는 아니었다. 아니나 다를까 듣도 보도 못한 단어가 수두룩했다. 듣기 시험은 더 말할 것도 없었다. 만화로만 공부했으니 무슨 말인지 뜻은 고사하고 발음도 전부 비슷비슷하여 도무지 알아들을 수가 없었다. 그러나 중학생 때부터 쌓아 온 비법이 있었다. 연필 굴리기! 나는 유학 시험의 답안지를 연필 굴리기로 채워 갔다.

하지만 듣기 시험이 전부는 아니었다. 시험 후반부에는 의성어와 의태어가 기다리고 있었다. ぶうぶう(투덜투덜), ざあざあ(주룩주룩), ぶるぶる(부들부들), うきうき(싱숭생숭). 나는 쾌재를 불렀다. 까딱 시험 중임을 잊어버린 채 입밖으로 소리를 낼 뻔했다. 대부분의 수험생들이 고개를 절레절레 흔들고 있을 때 나는 만화를 즐기듯 쉽게 답을 골라낼 수 있었던 것이다. 의성어와 의태어가 나를 살렸다.

놀라운 일이 일어났다. 전국에서 1등이었다. 이럴 수가! 나도 놀랐다. 정말 너무나 뜻밖이었다. 나는 지금도 그때 내가 어떻게 1등이 될 수 있었는지 그 까닭을 알지 못한다. 분명한 것 하나는 있는 힘을 다해 공부했다는 사실이다. 나는 1등이라는 성적을 바탕으로 도쿄대 전자공학과에 지원했고 합격했다. 마침내 유학의 꿈이 이뤄진 것이다. 푸른 하늘이 손에 잡힐 듯 했다. 세상이 온통 내 것 같았다.

▶ 더 이상 갈 곳이 없었다. 그러나 외국의 유명 대학에서 공부하고 싶은 마음을 접을 수가 없었다. 그러기 위해서는 현실을 뛰어넘는 엄청난 용기가 필요했다. 유학이라는 목표를 정한 만큼 우선 영어 실력을 길러야겠다는 생각이 들었다. 무턱대고 영어 공부를 시작했다.

▶ 분석보다는 흥미를 중심으로 했던 만화 일본어 공부. 아무도 시도해 보지 않았던 나만의 특별한 학습 방법이었다.

문제점을 찾으면 해결책이 보인다.
당신 학습의 문제점은 무엇인가?

1.

2.

뒤틀려 버린
손가락과 운명

　세계적 명문인 도쿄대에서 그렇게도 원했던 유학 생활을 시작하였다. 예상은 했지만 생각보다 어려움이 많았다. 도쿄대에서의 공부가 결코 녹록치 않았기 때문이다. 특히 한국에서 컴퓨터를 전공한 나는 더욱 그랬다. 이론과 논리 중심이었던 한국의 컴퓨터공학과와는 달리 도쿄대의 전자공학과는 복잡한 수학과 물리 이론을 기본으로 하였다. 천자문을 공부하려던 서양인이 그랬을까? 도심 가운데 착륙한 외계인이 그랬을까? 한계가 느껴졌다.

그러나 그 정도로 유학 생활을 포기하거나 물러설 내가 아니었다. 비록 수학과 물리는 제대로 공부한 적도 잘해 본 적도 없었지만, 열심히 공부하겠다는 열정만큼은 누구에게도 뒤지지 않았다. 어차피 어릴 적부터 잘해 본 과목 하나 없으면서 여기까지 왔으니 무엇이든 새롭게 시작할 마음의 자세는 확고했다. 내가 가진 것은 하면 된다는 배짱이 전부였다. "안된다꼬예?"라며 도전하는 오기 외엔 아무것도 없었다.

처음에는 기본적인 수학 공식이나 원리도 몰라 당황하였다. 간단해 보이는 수학 문제도 기본이 약했으니 도무지 풀 수가 없었다. 하는 수 없이 한국의 고등학교에서 수학을 가르치고 있는 친구에게 도움을 청했다. 친구가 공수해 준 《수학의 정석》을 밤을 새워 가며 공부했고, 그렇게 수학 이론의 기초를 조금씩 쌓아 갈 수 있었다.

도쿄대 중앙 도서관이 벚꽃 속에 파묻히기 시작할 즈음에 시작했던 수학 공부는 장맛비가 내리고 낙엽이 지고 흰 눈이 소리 없이 내릴 때까지 변함없이 계속되었다. 마침내 외계인의 기록 같이 느껴졌던 도쿄대 박사 과정 자격시험의 문제 풀이도 이해가 되기 시작했다. 좀 더 시간이 지났을 땐 과거의 시험 문제들을 거의 다 풀 수 있는 수준에까지 이르게 되었다. 수학의 기초를 착실하게 다진 덕분이었다. 늦었다고 생각할 때가 가장 빠른 때라는 말이 실감 났다. 무슨 일이든 늦었다고 실망하고 포기할 것은 절대로 아니었다.

그런데 예상하지 못한 사건으로 첫 시험에서 떨어져 버렸다. 정말 곤란했던 것은 시험장에서 답을 쓰려고 하면 답안지가 쉽게 찢어져 버리는 것이었다. 너무 긴장을 한 탓인지 손가락에 힘이 많이 들어갔던 모양이다. 내가 생각해도 황당하기 짝이 없었다. 그때 이후로는 시험을 준비하면서 공부와 함께 손가락 체조도 쉼 없이 했다. 손가락을 부드럽게 하기 위해서였다. 손가락 체조라니… 지금 생각하면 웃음이 절로 난다.

다시 벚꽃이 피는가 했더니 장맛비가 내렸고 낙엽이 지더니 이내 흰 눈이 내렸다. 해가 바뀌고 나이가 하나 더 늘어나도 나는 잠시도 쉼 없이 수학과 물리 공부에 집중하였고 문제 풀이에 여념이 없었다. 손가락은 부어서 휘어졌고, 밤새워 공부했던 다다미방은 문제 풀이에 사용했던 연습장들로 휴지 더미를 이루기 일쑤였다.

손가락 체조의 보람도 없이 도쿄대 박사 과정 자격시험에서 또다시 떨어지고 말았다. 공부를 아무리 열심히 해도 안 되는 사람은 안되는 것일까? 사람에 따라서는 해도 해도 안 되는 분야가 있는 것일까? 부끄럽게도 나는 도쿄대 박사 과정 자격시험을 끝내 통과하지 못하고 말았다.

그토록 최선을 다하고도 떨어진다는 것은 상상도 못할 일이었다. 도대체 어찌하면 좋단 말인가? 이대로 한국으로 돌아갈 수는 없었다. 시험에 떨어진 도쿄대에도 더 이상 있을 수가 없었다. 우연히 본 신문에는 도쿄대 유학에 실패해서 자살한 중국인의 기사가 보였다. 난 이제 어쩌면 좋지? 도쿄대에서 학위를 받는 날 마시려 했던 미닫이 안의 고급 양주들을 모두 꺼내 새벽까지 마셨다. 쓰러져 죽은 듯이 잠이 들었나 보다.

꿈에 고향 산천의 모습이 보였다. 어느 큰비가 왔던 다음 날, 경부선 열차를 타고 부산으로 가다가 본 바로 그 풍경이었다. 기찻길 옆으로 길게 드리워진 낙동강에는 성난 황톳물이 거칠게 흘러가고 있었다. 좀처럼 볼 수 없는 장관이었다. 놓치고 싶지 않은 광경에 멀리까지 눈길이 따라가고 있었다. 그때였다. 강 한가운데 여유롭게 떠 있는 검은 관이 보였다. 관 위에는 금은 엽전들이 가득 놓여 있어 비 온 후의 뜨거운 햇빛과 어우러져 유난히 반짝이고 있었다. '아, 누군지 몰라도 저 사람은 죽어서도 영광을 누리는구나!' 왠지 부러웠다. 저 관 안에 잠든 사람은 누굴까? 관 속을 살며시 들여다보았다. 바로 나! 허남원이 거기 누워 있었다.

너무 놀란 나머지 꿈에서 깨어났고 정신을 차려 보니 그곳은 도쿄. 내가 밤을 새우며 공부하던 방이었다. 온 방에 너저

분하게 깔렸던 연습장 더미 사이로 빈 술병 몇 개가 나뒹굴고 있었다. 힘없던 온몸이 심하게 떨려 왔다.

'아, 여기는 더 이상 내가 있을 곳이 아니구나.'

그 순간 나는 결정했다.

'한국으로 돌아가자.'

곧바로 근무했던 한국의 대학에 전화했다.

"저, 도쿄대에서 공부하고 있는 허남원입니다."

"아, 예. 허 교수님, 어쩐 일이세요? 잘 계시지요?"

"저, 제가 더 이상 도쿄에 있을 수 없게 되었는데요, 어쩌면 좋을지요?"

박사 과정 자격시험에 실패했다는 말은 못하고 돌아가고 싶다고만 했던 것 같다.

"왜요? 문제없어요. 오시면 되잖아요. 신학기 시작도 아직 몇 주나 남았으니, 걱정하지 마세요. 천천히 오세요. 준비해 두겠습니다."

귀국에는 그리 문제가 없었다. 근무하던 대학으로 돌아가면 되었다. 하지만, 이제는 체면도 구겨질 대로 구겨지고 자존심도 무너질 대로 무너졌다.

서둘러 귀국했지만 무리했던 유학 생활로 몸도 마음도 극도로 쇠약해져 있었고, 한때는 온몸으로 부러움을 받던 내가 졸지에 주위 사람들로부터 위로를 받아야 하는 초라한 입장이 되고 말았다.

사람들의 눈총이 자꾸만 의식되었다. 뭐라고 대놓고 말하는 사람은 한 사람도 없었다. 오히려 다들 이전보다 더 잘 대해 주었다. 하지만 시간이 지날수록 조금 남아 있던 용기도 기운도 사라져 갔다. 남몰래 눈물을 흘린 적이 한두 번이 아니었다. 사람들 만나기가 싫어졌고, 나를 아는 모든 사람들로부터 도망치고 싶었다. 아무도 살지 않는 무인도나 아는 사람 하나 없는 먼 나라에 가서 이방인으로 살고도 싶었다.

공부로부터는 멀어지고 있었다. 나와는 상관없는, 몸에 맞지 않는 옷이라고 생각하기에 이르렀다. 적성에도 맞지 않고 역량도 턱없이 모자라는 수학 공식과 물리 이론을 붙들고 아까운 세월을 낭비했다는 생각이 들었다. 몸에 맞지 않는 옷을 입고 뒤뚱거렸던 지난날들이 후회스러웠다. 충격이 너무 컸던 탓이다. 과거와 결별하기로 마음먹었다. 새는 알을 깨고 나와야 비로소 제 날개로 하늘을 날고, 뱀은 허물을 벗어야 새 몸을 얻는다 하지 않던가?

그러나 지금껏 살아온 길을 버리고 가 보지 않은 길을 찾는다는 게 그리 쉬운 일은 아니었다. 솔직히 그때까지 해 온 컴퓨터 계통 이론 공부의 타성에서 벗어나기가 쉽지 않았다. 과거와 결별하고 새 길 찾기란 한낱 희망 사항일 뿐 내가 자신 있게 들어설 만한 길은 어디에도 보이지 않았다. 그뿐만 아니라 새로운 인생을 설계하기에는 너무나 늦어 버렸다는 생각마저 들었다. 그렇다고 그냥 가만히 있을 수는 없었다. 무엇이라도 해야 했다. 추락한 내 인생을 복구시켜야만 했다.

▶ 손가락은 부어서 휘어졌고, 밤새워 공부했던 다다미방은 문제
  풀이에 사용했던 연습장들로 휴지 더미를 이루기 일쑤였다.

▶ 과거와 결별하기로 마음먹었다. 새는 알을 깨고 나와야 비로소
  제 날개로 하늘을 날고, 뱀은 허물을 벗어야 새 몸을 얻는다 하
  지 않던가?

몸에 맞지 않는 옷은 벗어라. 당신이 벗어
야 할 불편한 옷은 무엇인가?

1.

2.

대학에 복직했지만 유학에 실패했다는 암울한 마음으로
캄캄한 미래를 향해 더듬거리고 있던 어느 날이었다. 동료
의 소개로 서울에서 큰 사업을 하고 있는 젊은 사업가를 만
났다. 최윤휘 사장! 그를 만난 것은 행운이었다. 그는 나보다
세 살이나 어렸지만 당당하고 자신감이 넘쳤다. 그는 같은
대학을 졸업한 후배로 외소한 사람이었지만 확실히 멋진 인
생을 살고 있었다.

그와 만나면서, 잘 적응하지 못했던 그의 학창 시절과 무

일푼으로 상경하여 전국 규모의 기업을 이루기까지의 인생 스토리를 듣게 되었다. 그리고 이때부터 나는 사업가가 되는 꿈을 꾸기 시작했다. 아무리 사업에는 문외한이라 해도 후배인 최 사장도 사업을 하는데 나라고 못할 것이 뭔가? 나도 사업을 시작하기로 마음먹었다. 사람과의 만남이 이토록 중요한 것인가?

인생은 즐거운 것이다. 언제든 새롭게 해 볼 수 있는 일이 있기 때문이다. 최윤휘 사장과의 만남을 통하여 내가 경험하지 못한 새로운 차원의 멋진 인생이 있음을 알게 되었다. 인생은 우리가 만들어 갈 수 있는 것이었다. 변화가 없다는 것은 나만의 느낌이었을 뿐 그동안에 사회도 빠르게 바뀌고 있었다. 무엇보다 내가 전공했던 컴퓨터 분야가 그랬다. 불과 2년 전 유학을 가기 전만 해도 고가여서 개인이 구입하기 힘들었던 개인용 컴퓨터를 이제는 누구나 살 수 있는 시대가 되어 가고 있었다.

그런 시대에 컴퓨터를 전공한 것은 큰 행운이기도 했다.

나의 전공 능력과 상관없이 많은 사람들이 나를 첨단 과학의 전문가로 여겼기 때문이다. 성적이 좋지 않았던 청소년 시절의 나를 걱정하시어, 비교적 취업이 유리하다고들 하는 공대로 입학시켰던 아버지의 판단 덕분이었다. 그즈음 그 분야에서 공부를 잘했든 못했든 나는 장래가 촉망되는 컴퓨터 전공자였다.

그 당시, 1990년대 초에는 이미 컴퓨터와 컴퓨터 교육이 미래를 준비하는 필수 도구로 인정받고 있었다. 유학을 하고 왔던 불과 2년 사이 컴퓨터 분야에는 큰 변화가 있었다. 모두가 컴퓨터를 배우려 하였다. 유학 가기 전에는 컴퓨터가 너무 고가여서 컴퓨터 활용 교육은 당연히 좋은 컴퓨터가 있는 시내의 학원에서나 받을 수 있었다. 그러나 더 이상 그럴 필요가 없게 되었다. 이제 개인들도 컴퓨터를 가지고 있었다. 그러나 컴퓨터를 어떻게 사용하느냐가 문제였다. 대부분의 사람들이 컴퓨터에 익숙하지 못했기 때문이다.

나는 일본에서 보았던 발달된 통신 학습을 우리나라에 적용해 보기로 했다. 이제는 집집마다 컴퓨터가 있으니 집에서 혼자 실습하고, 문제가 있으면 전화로 문의하는 컴퓨터 학습지를 만들어 보기로 한 것이다. 특별히 구상해 두었던 사업 아이템도 없었던 만큼 지체할 이유가 없었다. 당장 연구실에 있던 컴퓨터로 통신 학습 교재를 만들기 시작했다. 하지만 만들기만 한다고 능사는 아니었다. 만드는 만큼 잘 팔려야 하는데 유명 인사도 아닌 내가 많은 독자를 확보하기에는 역부족이었다.

우선, 누가 보아도 눈에 확 띌 정도로 특별해 보이는 교재를 만들자고 생각했다. 그러기 위해선 특수한 편집 외에 다른 방법이 없었다. 편집 기능이 뛰어난 매킨토시 중심의 편집 장비가 필요했다. 유학에서 돌아와 무일푼이었던지라 아버지께 자금 지원을 부탁드릴 수밖에 없었다. 유학에 실패한 아들에게 아버지는 자신의 두 달 치 월급 300만 원을 신문지에 겹겹이 싸서 사업 자금으로 주셨다.

내가 사업을 한다는 사실을 알았던 사람들 중에 이를 긍정적으로 바라본 사람은 아마 한 사람도 없었을 것이다. 나는 기대치 제로의 사람이었다. 그러나 사업은 시작과 동시에 대박을 터뜨렸다. 시작하자마자 '닷컴 붐'을 만났던 것이다. 너도 나도 컴퓨터를 배우려는 사회 분위기로 학습지 사업은 상상을 초월하는 빠른 속도로 발전에 발전을 거듭하였다. 학업도 포기했고 특별히 가진 것도 없었던 나였다. 이제 인생에 남은 것은 이 사업밖에 없다는 생각으로 사업 활성화를 위해 최선을 다했다.

마침 원고 청탁을 받아 홍보 효과도 볼 겸 신문과 잡지에 칼럼을 쓰기 시작했고, 판매를 위해 컴퓨터 사업을 하는 사람들을 폭넓게 만나기 시작했다. 대구와 서울뿐만 아니라 전국을 다니면서 각 지역에서 영업력이 뛰어난 사람을 지사장으로 영입하기도 했다. 사업은 날개를 달았고 하루가 다르게 확장되어 갔다. 사업을 시작한 지 2년, 드디어 전국 각지에 8개의 지사와 120개가 넘는 체인점을 거느린 거대한 기업으로 성장했다.

　하나의 사업이 성공하니 그다음 사업은 쉽게 이어졌다. 처음 시작한 주식회사 컴퓨터꼬레아에서 발행했던 주간 학습지를 재편집하여 체계적인 교재로 만들었다. 이것을 컴퓨터 교육 기관들의 정식 교재로 소개하면서 교육 개방에 대비한 컴퓨터 교육 단체를 구성하는 주식회사 윈스컴 사업을 시작하였고, 서서히 사용이 시작되던 인터넷을 이용한 정보 처리 사업으로 주식회사 코리아네트도 창업하게 되었다.

　사업이 승승장구하자 떠오르는 기업으로 각광을 받게 되었고, 신문과 잡지는 물론 방송에도 자주 등장하게 되었다. 또 나는 30대 초반의 야심찬 사업가로서 졸지에 미래를 대표하는 사람으로 소개되기도 했다. 어디에 가든 사람들은 나를 환영했고, 나는 새로운 사업의 기회를 엿보기도 했다. 만나는 사람들은 갈수록 많아졌고 새롭게 진출할 수 있는 사업 분야는 다양해져 갔다. 폭넓은 인간관계나 뛰어난 실력이 없었던 것은 더 이상 문제가 되지 않았다. 할 수 있다는 자신에 대한 믿음과 최선을 다하겠다는 각오만 있으면 충분했다.

사업은 어떤 사람이 하는가? 나는 처음부터 사업을 할 만한 성격의 소유자가 아니었다. 사회 진출의 발판이나 사업 배경 역시 전무했다. 하지만 사업을 하면서 나에게도 사업가로서의 재능이나 적성이 있음을 알게 되었다. 아닌 게 아니라 사업을 하면서 나에게도 뛰어난 사업가적 분석력과 판단력 그리고 교섭 능력이 있다는 사실을 발견하고 스스로 놀라기도 했다. 다른 사람들은 더 말할 것도 없다. 그렇다. 시도해 보지 않고서는 그 누구도 자신의 진정한 능력을 알 수는 없다.

그때 나는 사업가로서 분명히 성공을 맛보았고, 그때의 경험을 삶의 고귀한 보물로 간직하게 되었다. 세 차례의 사업 경험에서 깨닫게 된 것은 사업은 누구나 할 수 있다는 것이다. 학창 시절의 성적이나 적성, 타고난 재력이나 인맥과는 전혀 상관이 없었다. 중요한 것은 오직 어떠한 결심으로 현실에 임하느냐 하는 것이다.

그러나 나는 이러한 성공 속에서도 인생에는 외부적으로 인정되는 성공이나 그 어떤 능력보다 중요한 무엇이 있음을 깨닫기 시작했다. 나 자신과 가족. 그동안 공부와 사업에 몰두하느라 정작 인생에 있어 가장 중요한 것들을 놓치고 있었다. 공부나 사업에서 도전하는 것만으로는 나와 가족의 생활이 의미가 있거나 행복해지지는 않았다.

'나는 무엇을 위하여 살았던가?'

회의에 빠지기 시작했다.

▶ 아무리 사업에는 문외한이라 해도 후배인 최 사장도 사업을 하
  는데 나라고 못할 것이 뭔가? 나도 사업을 하기로 마음먹었다.
  사람과의 만남이 이토록 중요한 것인가?

▶ 유학에 실패한 아들에게 아버지는 자신의 두 달 치 월급 300만
  원을 신문지에 겹겹이 싸서 사업 자금으로 주셨다.

새는 알을 깨야 하늘을 날 수 있다. 당신이
깨야 할 껍데기는 무엇인가?

1.

2.

"자제분이 매일 학교에 왔었다고요? 2주일째 안 나오고 있는데요."

학교의 호출을 받고 불려 간 나는 큰아이의 담임 선생님으로부터 뜻밖의 소식을 듣게 되었다. 중학교 2학년인 큰아이는 학급 성적이 28명 중 24등으로, 공부는 못했지만 착하고 성실했다. 매일 아침 제시간에 등교했고, 저녁이면 어김없이 집에 돌아와 있었다. 그럴 리가 없다고 하니, 부모가 어찌 그렇게도 자녀에게 무관심할 수 있느냐며 힐난하듯 되물어

왔다.

아내와 나는 대학에서 학생들을 가르치고 있었다. 아이들이 우리들 학창 시절처럼 학업에 시달리는 인생을 살아가기를 원하지는 않았지만, 이런 학교생활을 하고 있을 줄은 꿈에도 생각지 못했다. 그저 착실하고 성실한 줄만 알았던 내집 아이가 아침부터 우리를 속여 가며 학교 대신 PC방에 가리라는 것은 상상도 못했다.

지금은 원하는 대학에 진학해 신 나는 대학 생활을 만끽하고 있는 막내 녀석도 어릴 적에는 마찬가지로 문제가 많았다. 초등학생이었던 녀석은 보기에는 항상 맑은 표정이었고 학교도 즐겁게 다니고 있었다. 친구들과 선생님이 자기를 좋아한다며 늘 싱글벙글했다. 아빠나 형이 그랬던 것처럼 학교생활에 문제가 있어 보이지는 않았다.

그러나 그 믿음과 기대는 오래가지 않았다. 초등학교 4학년이 된 어느 날, 녀석이 내게 물었다.

"아빠, 부진아가 뭐예요?"

선생님이 자기를 부진아라고 하며 특별히 사랑한다는 것이었다. 적어도 나는 학창 시절에 자신이 열등아라는 것은 알고 있었다. 그래서 보충 수업도 받았고 벌 청소도 자주 했다. 그런데 아들은 자기가 열등아인 것조차도 모르고 있었던 것이다.

공부뿐만이 아니었다. 녀석이 중학생이 되었을 때는 시내 유명 문방구에서 볼펜을 훔치다가 붙잡힌 적도 있었다. 아이를 데리러 간 나는 백배사죄해야 했고 "교수라면서 자기 아이나 잘 지도하시오!"라는 주인의 핀잔을 들어야 했다.

아이들이 이 글을 보면 부끄럽다고 나를 원망할지도 모르겠다. 하지만 나는 그렇게 생각하지 않는다. 고백하건대 어릴 때 나는 더 나쁜 짓을 했던 전과를 가지고 있기 때문이다. 그 아이들의 그 아버지라 해도 변명할 말이 딱히 없다.

중학생 시절에는 참고서 값이라고 받아 오락실에 들락거리기 일쑤였고, 고교 입학 체력장 시험에서는 학급에서 최하점에 가까웠던 16점을 받고도, 만점인 20점을 받았다고 하여 뻔뻔스럽게 칭찬을 받기도 했다. 나중에 발각되어, "공부도 못하고 몸도 약한 바보 녀석이 거짓말까지 한다"며 엄청나게 혼이 났었다. 아직도 힘든 것은 그때 맞았던 나보다 때리셨던 아버지가 더 괴로워하셨던 기억이다.

하지만 나의 나쁜 버릇은 여전히 고쳐지지 않았다. 조회 시간에 쓰러지고 교련 시간에 졸도해도 집에서는 아무 일 없었던 것처럼 행동했다. 정말 나빴던 것은 초등학생 시절에 아버지 월급봉투에서 500원을 몇 번씩이나 훔쳤던 것이다. 아버지가 돈이 모자란다며 봉투 속의 월급 뭉치를 밤새도록 되풀이하며 헤아리시는데도 바로 옆에서 자는 척 불안해 하며 밤을 새운 기억이 지금까지도 생생히 남아 있다.

세상에는 어릴 적부터 올바르게 자라는 사람들도 없지는 않겠지만 적어도 내가 아는 사람들은 모두 나름대로의 문제들을 가지고 있었다. 그런데 우려했던 것과는 다르게 어릴 적에 저질렀던 잘못들이 대부분 커서는 크게 문제가 되지 않았다. 철이 들면서 빗나갔던 마음들이 제자리를 찾아오기 마련이기 때문이다.

문제는 잘못을 저지른 이후다. 잘못된 행실을 반성하고 더 나아지려고 노력하면 된다. 학교생활도 마찬가지다. 어릴 적에 나는 열심히 노력했지만 성적은 나빴고, 체력도 머리도 따라 주지 않았다. 그래서 성적표를 보여 드리지 않을 때도 많았고, 좋은 성적을 받았다고 거짓말을 한 적도 한두 번이 아니다.

지금은 부모님께 그런 거짓말을 했던 일들에 대해 그때처럼 큰 죄의식을 느끼지도 않는다. 거짓말했던 어린 날의 행동의 바탕에는 더 노력하고 그다음부터는 더 효도해 보리라는 생각이 있었기 때문에 그런지도 모르겠다.

누구나 그럴 것이다. 아무리 공부를 못하고, 아무리 행실이 나쁜 아이들이라 할지라도 성공하기를 바라고 효도하기를 원한다. 내 경우가 그렇듯 학창 시절 열등생이 박사가 되고 교수가 된 경우도 적지 않다. 주위에서 아무런 희망이 보이지 않는다고 혹독한 평가를 받는 학생들을 만날 때 나는 반갑다. 걱정하지 말라고 자신 있게 어깨를 두드려 줄 수 있는 기회를 만났기 때문이다. 내 실감 나는 조언에 고개를 끄덕이고 어깨를 펴는 아이들을 볼 때마다 나는, 문제아였고 열등생이었던 내 어린 시절에 감사한다.

이런 일도 있었다. 열심히 공부했는데 성적이 오르지 않아 고민스럽다는 학생이 찾아왔다. 어릴 적부터 잘하고 있다는 거짓말을 너무 많이 해서 부모님의 기대가 너무 높다고 했다. 이제 곧 졸업을 하는데, 취업도 진학도 어렵고 부모님께 더 이상 거짓말도 할 수 없어 고민에 쌓여 있다고 했다. 놀랍게도 내가 가졌던 문제를 전부 그대로 가지고 있었다. 나는 그 시절 내가 읽었던 책과 가졌던 생각을 말해 주며 그 학생이 인생을 제대로 살고 있음을 확신시킬 수 있었다.

많은 사람들이 자신의 능력으로는 이미 저지른 잘못과 실패를 극복할 수 없다고 생각한다. 남들도 자신을 그렇게 보고 있고 환경도 그러하니 더 이상 어쩔 수 없다고 체념하는 경우가 적지 않다. 그렇지 않다! 다시 말하지만 절대로 그렇지 않다. 지금까지의 잘못과 지금까지의 실패는 좋은 경험으로, 인생에 있어 보약이 되는 훈련이었을 뿐이다.

우리 집의 경우가 산 증거이다. 고등학교도 졸업하지 못한 큰아이는 검정 시험을 거쳐 원하는 대학에 입학했고, 지금은 아동 심리학자를 꿈꾸고 있다. 초등학생 때부터 부진아였던 작은아이는 한국의 슈바이처가 되겠다며 원하던 대학의 의예과에서 의사가 되는 길을 꿋꿋하게 걸어가고 있다. 그리고 그런 아이들의 아비였던 나 또한 박사가 되고 교수가 되어 자신처럼 문제가 많은 학생들에게 자신감을 불어넣어 주는 일에 몰두하고 있지 않은가.

어린 시절의 불우한 환경, 행동 및 성적 등은 그 시절의 문제일 뿐이다. 그러한 것들을 반성하고 바로잡아 간다면 오히려 훨씬 더 좋은 결과를 낳을 수 있다. 과거에 문제가 하나도 없었고 완벽한 가정 출신이라고 말할 수 있는 사람이 과연 몇이나 있을까? 있다 하더라도 재미없는 일이다. 잘못된 것을 고치고 모자라는 점을 메워 가는 즐거움을 누릴 기회가 없다면 삶에서 무슨 보람을 느끼겠는가? 정도의 차이가 있을 뿐이지 우리는 모두가 문제아요 문제 가정 출신이다. 문제를 가졌음에 감사하자. 그만큼 해결해야 할 일이 있고, 해결한 만큼 성취의 기쁨을 누릴 가능성이 있다는 증거니까.

이상에서 밝혔듯이 나는 학업과 사업, 그리고 가정과 사회에서 그리 자랑스럽게 살아오지는 못했다. 많은 문제가 있었고 이를 경험해 가면서 조금씩 내가 원하는 인생을 살아가게 되었다. 부끄럽지만, 독자들의 의미 있는 인생 여정에 참고가 되기를 바라며, 지금까지 내가 걸어온 사업, 공부, 인생에서 만났던 역경과 경험을 2부에서부터 좀 더 자세히 소개해 보겠다.

▶ 그렇지 않다! 다시 말하지만 절대로 그렇지 않다. 지금까지의
잘못과 지금까지의 실패는 좋은 경험으로, 인생에 있어 보약이
되는 훈련이었을 뿐이다.

▶ 문제를 가졌음에 감사하자. 그만큼 해결해야 할 일이 있고, 해
결한 만큼 성취의 기쁨을 누릴 가능성이 있다는 증거니까.

Key Point 지금까지는 인생의 예고편이다. 당신은 무
엇을 느끼고 무엇을 배웠는가?

My Action

1.

2.

일은
저지르는
자의
몫이다

Part 2

막다른 골목에서 새로운 도전으로 사업을 시작했다.

특별한 기술도, 인맥도, 자본도, 전략도 없었다.

하지만, 2년 만에 전국 규모의 체인 사업을 3개나 일구어

냈다.

사업은 도대체 어떤 사람들이 하는 것일까?

기본적으로 무엇이 있어야 하나? 타고난 재능이 있어야 하

는가?

물려받은 환경이나 배경이 있어야 하는가?

아니면, 두둑한 배짱이 있어야만 하는 것일까?

전혀 그렇지가 않았다.

누구나 마음만 먹으면 언제든지 가능한 것이 사업이었다.

사업은 아무나 하나? 그렇다. 사업은 누구나 할 수 있다. 규모나 아이템에서 차이가 있을 뿐이다. 그냥 자신에게 맞는 일을 찾아 자신이 감당할 수 있는 규모로 시작하면 된다.

특정한 자격이 필요한 것도 아니고, 특별한 시험을 치를 이유도 없다. 학교 성적이 중요한 것도 아니고, 특수한 과목의 재능이 요구되는 것도 아니다. 심지어, 사업을 하기 위한 유별난 퍼스낼리티가 따로 존재하는 것도 아니다. 큰 사업이든 작은 사업이든 사업을 하는 사람들의 이력은 가지각색

이며 성격 또한 다양하다. 사업을 하는 대부분의 사람들은 단호한 결단과 과감한 실행을 하였을 뿐이다.

나도 사업이 어려운 줄 알았다. 그렇지만 어쩔 수 없이 사업을 하지 않으면 안 되는 상황이 되었다. 내 처지가 내 등을 떠밀었던 것이다. 무리하게 도전하였던 공부는 내 편이 아니었고, 다시 생각해도 공부에는 자신이 없었다. 하지만 공부에서의 실패로 인한 좌절과 실의에 빠져 내 인생을 보낼 수는 없었다. 돌파구를 찾아야 했다. 성공의 욕구는 내 등을 떠밀었고 미지의 사업은 유혹의 손길을 내밀었다.

결국 사업을 하기로 마음먹었다. 그러나 막상 시작하려 하자 막막했다. 갖추어야 할 것들이 실로 많았기 때문이다. 기본적으로 자금이 있어야 했고, 인맥이 필요했고, 남다른 사업 아이템도 필요했다. 나를 사업의 세계로 안내해 준 최윤휘 사장에 의하면 가장 중요한 것은 본인에게 어떤 사업을 할 여건이 마련되어 있느냐는 것이라고 했다. 처음에 이런 말들을 들으며 나의 사업 가능성을 생각해 보니, 나는 사업에 필요한 요건들 가운데 어느 것 하나 제대로 갖추고 있는 것이 없었다. 무력감에 빠졌다. 고민하던 나에게 술은 잠시의 위안이었을 뿐 다음 날 아침이면 더 무거운 무력감이 먹구름처럼 덮쳐 왔다. 나 자신에게 반복하는 질문은 언제나 하나였다. 안된다꼬예?

부족함이 없는 인생이 있을까? 필요한 것들을 처음부터 모두 갖추고 사업을 시작하는 사람이 세상에 있을까? 만약 있다고 한다면, 그 사람은 절대로 사업을 할 이유가 없을 것이다. 부족하니까 갖추려는 것이고, 그 노력이 사업 실행의 원동력이 된다. 문제는 절박함이다. 공부든 사업이든 그 일을 하지 않으면 안 되는 어떤 절박함의 채찍질이 없다면 우리는 도대체 이 긴박한 세상에서 언제 어디서 행동을 시작한단 말인가.

세상에는 능력이 있으면서도 사업을 못 하는 사람들이 많이 있다. 실제로 학교 다닐 때 천재적인 재능과 천부적인 머리를 가진 친구들이 졸업해서 사업을 시작하지도 못하는 경우를 많이 보았을 것이다. 이유는, 그들은 사업을 위해 무엇이 있어야 하는지를 너무나 잘 알기 때문이다. 그렇기 때문에 뜸만 들이다 때를 놓치고 만다. 아무리 노력해 봐야 98% 이상의 준비는 되지 않았기 때문일지도 모른다. 완벽한 출전에 필요한 나머지 2%를 준비하다가 기회를 놓치는 것이다. 장고 끝에 악수를 둔다는 말은 이런 경우를 두고 하는 말이 아닐까.

반면, 준비가 좀 부족하고 돈이 없어도 강한 의지와 용기가 있으면 된다. 다소 사업 준비가 미흡하다 해도 그것은 크게 문제가 되지 않는다. 2%의 준비만 되어도 시작할 수 있다. 나머지 98%는 사업을 하면서 준비하면 된다고 생각하는 사람, 이런 사람들이 기회를 잡고 사업에 성공하는 경우를 우리 주변에서 어렵지 않게 찾아볼 수 있다. 절박함을 채찍질 삼아 과감하게 떨치고 일어서기 때문이 아닐까?

실제로 큰 사업을 하는 사람들 중에 머리가 뛰어나지 않은 사람들이 많이 있다. 현명하다면 그렇게 골치 아픈 사업을 시작하지 않았을 것이다. 현명한 그들은 시작하기 전에 위험성을 잘 알기 때문에 좀처럼 새로운 사업을 시도하지 않는다. 반면에 좀 부족한 사람은 사업의 위험성을 간과할 수가 있다. 더욱이 사업에 한 번쯤 실패하면 그때는 그 부족했던 부분을 깨달아야 할 텐데, 그렇지 못하고, 무조건 될 것이라 고집하는 무지를 보일 때도 많다.

성공한 사업가들이 대부분 그렇게 말하지 않던가? 몇 번이나 실패를 거듭하였지만 자신은 계속하였노라고. 그것이야말로 현명하지 않은 자신에 대한 고백이 아닌가. 나 역시 학업뿐만 아니라 사업에서도 많이 실패하였다. 그럴 때마다 예외 없이 똑똑하다는 주변 사람들로부터 무지하다는 말을 듣곤 하였다. 하지만 나는 쉼 없이 꿈을 향해 달려왔다. 그리고 그 과정에서, 꿈을 이루기 위해서는 어느 정도의 무모함이 필요하다는 사실을 알게 되었다.

사업에도 무모한 용기가 필요하다. 처음 사업을 시작하는 사람이 중도에 있을 수도 있는 실패의 가능성을 줄곧 의식한다면 두려워서 어떤 일도 하지 못할 것이다. 무모해도 괜찮고 무식해도 좋다. 그것이야말로 성공을 위한 진정한 지름길이다. 용기 있는 사람이 미인을 얻는다고 하지 않는가?

몰라도 시작하자. 진정으로 원하는 것이라면. 빠르게 행동해서 빠르게 실패하면 빠르게 배우는 것이다. 재능과 현실만을 생각하고 계산부터 했다면, 나는 공부도 사업도 아예 시도조차 못했을 것이다. 그리고 지금처럼 이런 글을 쓰고 있지도 못했을 것이다.

당신이 원하는 미래는 무엇인가? 바로 시작하라! Just do it! 시작하지 않으면 100% 실패만이 있을 뿐이다. 당신이 도전하는 순간부터 그 실패의 확률은 조금씩 줄어들기 시작하며 어느샌가 당신도 당신의 꿈이 이루어지고 있다는 것을 알게 될 것이다. 그리하여 마침내는 강한 의지와 무모함이

오늘의 자신을 있게 했다고 증언하는 신나는 순간을 경험하
게 될 것이다.

▶ 공부든 사업이든 그 일을 하지 않으면 안 되는 어떤 절박함의 채찍질이 없다면 우리는 도대체 이 긴박한 세상에서 언제 어디서 행동을 시작한단 말인가.

▶ 무모해도 괜찮고 무식해도 좋다. 그것이야말로 성공을 위한 진정한 지름길이다. 용기 있는 사람이 미인을 얻는다고 하지 않는가?

도전 없는 인생은 무의미하다. 당신은 지
금 무엇에 도전하고 있는가?

1.

2.

유학에서 생각지도 못한 실패를 하니 그때까지의 학업도
인생도 아무런 의미가 없는 것 같았다. 그러나 나는 주저앉
지 않았다. 오히려 생각을 바꾸었다.

'완전히 새로운 인생을 살아 보자. 이번에는 사업을 한번
해 보자.'

하지만 막막했다. 자본도, 인맥도, 기술도, 경험도, 나에겐
아무것도 없었다. 그러나 일단 결심한 이상 나에게 포기란
없었다. 나는 먼저 내가 할 수 있는 아이템을 찾기로 했다.

이때 놓쳐서는 안 되는 중요한 원칙이 있었다. 그것은 언제나 그랬던 것처럼 시작은 작은 것부터, 가까운 것부터 해야 한다는 것이었다.

1990년대 초 개인용 컴퓨터가 보급되기 시작했다. 본격적인 컴퓨터 시대가 열릴 것이 분명해 보였다. 컴퓨터 산업과 관련한 소프트웨어 제작이나, 하드웨어 제작이 사업상 전망이 밝아 보였다. 하지만 나는 학교에서 배웠던 컴퓨터에 관한 이론만 어느 정도 기억하고 있을 뿐이었다. 겉으로 보기엔 카이스트에서 컴퓨터 전공으로 석사 과정을 마쳤고, 도쿄대에서도 컴퓨터 관련 전공으로 공부해 온 사람이었지만 이론 중심의 공부가 전부였다. 실제로 컴퓨터와 관련한 제작 기술은 전무했다. 하는 수 없이 처음부터 컴퓨터 산업계를 하나하나 살펴 사업이 가능한 분야를 찾아보기로 했다.

그러던 중 놀라운 사실을 알게 되었다. 컴퓨터 산업이 진행되면 진행된 만큼 값비싼 로열티를 외국에 지불하지 않으면 안 된다는 사실이었다. 개인용 컴퓨터 생산 업체는 IBM

사에 또 그곳에서 사용되는 소프트웨어 사용자는 대부분 마이크로소프트 사에 그 사용료를 지불하지 않으면 안 되는 구조였다.

산업계에서는 이러한 현상을 당연시하는 분위기였으나 내게는 커다란 위기감으로 다가왔다. 이와 같은 구조라면 우리나라는 정보화 시대에서 경쟁력을 잃을 수밖에 없기 때문이었다. 하드웨어든 소프트웨어든 사용하면 할수록 외국에 더 많은 로열티를 지불해야 하다니? 혼자 고민하던 중, 경쟁력 있는 아이디어가 떠올랐다.

'그래, 교육이고 출판이다.'

다행히 우리나라 사람들의 교육열은 높았고 출판은 선진국 수준이었다. 어차피 나는 대학에서 컴퓨터 사용법을 가르치고 있었다. 가르치는 교재를 좀 더 실습 위주로 만드는 것부터 시작하였다. 내가 대학에서 하는 일을 조금 더 구체적이고 열심히만 하면 되는 것이었다.

도쿄대 부근의 전자 상가 아키하바라에서 젊은이들은 물론, 할아버지 할머니들도 컴퓨터를 능숙하게 다루는 것을 보고 받았던 신선한 충격을 기억했다. 컴퓨터 사용 대중화는 선진 국가가 되기 위해 우리나라가 가야만 하는 길이었다. 전공하는 사람들만이 사용했던 컴퓨터를 누구나 쉽게 쓸 수 있는 생활 도구로 만들 필요가 있었다. 이제 내가 그 컴퓨터 사용 대중화 운동의 선두로 나서기로 한 것이다.

우리나라만큼 자녀 교육에 정성을 쏟는 나라는 없을 것이다. 엥겔 계수보다 엔젤 계수가 문제되는 나라가 우리나라 아닌가? 우리나라의 교육 열정으로 정보화 경쟁에서 승부를 건다면 세계적인 강대국이 될 가능성이 충분히 있다고 판단했다. 먼저 도쿄에서 함께 공부했던 유학생들에게 컴퓨터 사용에 관한 셀프 학습지를 만들어 보내기로 했다. 도쿄 유학 시절 주위의 유학생들에게 해 주었던 컴퓨터 사용 안내를 계속해야겠다는 책임감도 없지 않았다. 인터넷 시대인 지금과는 달리 그때만 해도 도쿄에서 한글로 된 컴퓨터 사용 안내서를 찾아보기가 어려웠으니 반응이 좋을 수밖에 없었다.

도쿄에서 유학하고 있던 친구의 소개로 일본의 다른 지역은 물론 미국에서 공부하는 유학생들에게도 똑같은 컴퓨터 학습지를 보내기 시작했다. 얼마 지나지 않아 이런 사실이 신문에 소개되기 시작했다. 한국의 컴퓨터 학도가 미국과 일본에 있는 우리 유학생들에게 컴퓨터를 가르치는 학습지를 보낸다고 알려지기 시작한 것이다. 그러자 국내에서도 구독자들이 기하급수적으로 늘어나기 시작했다. 언론의 힘은 참으로 컸다.

역시 한국인에게는 남다른 교육열이 있었다. 혹시나 했던 학습지 사업이 전국적으로 확대되자 욕심이 생기기 시작했다. 컴퓨터 통신 교육을 세계적으로 확대해 보고 싶어졌다. 그래서 '컴선생'으로 시작했던 통신 학습지의 이름도 '컴퓨터꼬레아'로 바꾸었다. 그러고 나서 '컴퓨터 닛폰', '컴퓨터 China', '컴퓨터 USA', '컴퓨터 France', '컴퓨터 Germany'

등으로 확장해 갈 계획이었다. 그래서 처음부터 상호에 미국식과 유럽식의 발음을 함께 사용했던 것이다.

이러한 원대한 꿈이 있었기에 시작한 컴퓨터 통신 학습지 사업에 혼신의 힘을 쏟아부었다. 사업은 발전을 거듭했고, 회사는 강남 테헤란로의 한가운데 있는 대형 오피스빌딩의 두 층 전부를 사무실로 사용하며, 지상파 방송에 해마다 20억 원 이상의 광고를 하는 규모가 되었다. 전국의 학습지 구독자가 확보되어 수입이 들어오면 학습지 사업에 재투자했다. 품질을 높이기 위해 저명한 박사들을 모아 연구소를 만들었고, 멋들어진 편집을 위해 새로운 장비와 인력 확보는 물론 학습지 내용 개선을 위해서도 노력을 다했다.

아버지로부터 사업 자금 300만 원을 받아서 시작했고, 전세금 6,000만 원을 빼내 처가살이를 감수하며 매킨토시 출력 시스템을 구매했던 사업 초기에는 상상할 수도 없는 상황으로 발전하였다. 노력은 헛되지 않아서 유능한 학습지 내용 개발자들이 모이고 판매망도 전국적으로 확장되기 시작했다.

학습지 보급과 구독자 관리를 위해 120여 개의 체인점과 8개의 지사를 가지는 전국 규모의 회사가 되었던 것이다. 사업을 시작한 지 2년도 안 되어 대박을 경험했다.

분명히 하늘은 스스로 돕는 자를 도왔다. 나는 있는 힘을 모두 사업에 쏟아부었고 사업은 크게 성공했다. 물론 당시 '닷컴 붐'도 사회적 정치적 영향을 크게 받은 것이 사실이다. 개인용 컴퓨터의 일반화도 그랬고, 21세기를 맞이하게 된 사회적 분위기도 그랬다. 특히 15대 대통령 선거를 준비하는 정치계의 영향이 적지 않았다. 대권 잠룡들이 전국적인 컴퓨터 교육 관련 조직을 가지게 된 나의 사업에 관심을 가지기 시작했던 것이다.

"컴퓨터를 하는 사람이 성공하고, 컴퓨터를 하는 국민이 많아야 선진국이 된다"라는 슬로건 아래 나의 사업은 더욱 활성화되어 갔다. 당시 유력한 대권 잠룡 중 한 사람이었던 최형우 내무부 장관과 사공일 재무부 장관, 그리고 황명수

의원 등이 나의 사업 발대식에 참여하기도 하고 정보화 대통령이 되겠다고 선언하기도 했다. 나라를 위해서 머지않은 장래에 중요한 일을 해 주어야겠다며 국가적 사업에 동참할 것을 제안하기도 했다.

사람들은 나를 '허 박사'라고 부르기 시작했으며, 나의 꿈도 이제는 사업의 경계를 넘어가고 있었다. 새로운 정부의 주요 역할을 맡은 컴퓨터 전문가로 동참하기 위해서는 하루빨리 학위를 가져야겠다는 생각이 들었다. 그때까지의 성공만으로는 배가 고팠던 것이다.

▶ 언제나 그랬던 것처럼 시작은 작은 것부터, 가까운 것부터 해야
한다는 것이었다.

▶ 물론 당시 사회적 정치적 영향을 크게 받은 것이 사실이다. 개
인용 컴퓨터의 일반화도 그랬고, 21세기를 맞이하게 된 사회적
분위기도 그랬다. 특히 15대 대통령 선거를 준비하는 정치계의
영향이 적지 않았다.

하늘은 스스로 돕는 자를 돕는다. 기회를
만들기 위해 당신은 스스로 어떤 노력을
했는가?

1.

2.

고베 대지진,
사업의 종말

"크크크크크쿵쿵쿵쿵쿵크크크크크크!"

소리가 진동보다 빨랐다. 갑자기 수백 마리의 코끼리 떼가 달려왔다가 순식간에 사라지는 듯한 소리가 났다. 이어서 무서운 고요가 덮쳤다. 우리가 있던 호텔 42층에도 공포가 밀려왔다. 곧 도미노처럼 세상이 무너져 내리기 시작했다. 호텔 건물은 흔들리기 시작했고 엘리베이터는 정지되었다. 천둥 치듯 유리창이 부서져 내리는 소리를 들으며 내려오던 비상계단의 창문 너머로 춤추듯 떨고 있었던 빌딩들이 눈에 들어왔다.

　1995년 1월 17일 화요일 5시 46분 52초. 일본 제2의 공업 도시 인근 고베 지역에서 일본 지진 관측 사상 최대의 지진이 일어났던 순간이다. 진도 7.2에 6,300명이 죽고 100조 이상의 재산 피해가 났다. 지진이 일어났던 그 순간 나는 호텔에서 아침 일찍 있을 소각로 계약을 위해 고베행 특급 열차를 탈 준비를 하고 있었다.

　바로 전날 오사카성에서부터 시내까지의 관람으로 피곤에 지친 일행들의 일부는 다시 잠을 청하고 있었다. 함께 갔던 원로 박찬 국회 의원은 대피를 준비하도록 신속히 모두를 깨웠다. 전쟁을 비롯한 많은 재난을 경험한 분이시라 우리가 알 수 없는 무엇인가를 느끼신 것 같았다. 그 전날도 오사카성 하늘을 지나가던 용 모양의 구름을 보시고는 "저런 모양의 구름이 보이면 큰 지진이 일어난다던데…"라며 걱정하던 분이셨다.

　간신히 호텔 1층에 도착한 우리는 주변에 떨어져 있는 깨진 간판들과 갈라진 길바닥, 코를 찌르는 가스 냄새에 다시 한 번 기겁을 했다. 고베에서 계획했던 소각로 기술 수입을 위한 계약은 자동적으로 취소되었다. 상대 회사였던 클로바 소각이 지진으로 완전히 파괴되었던 것이다. 돌이켜 보면 이때부터 나의 사업도 하향기로 접어들었던 것 같다.

IT 프랜차이즈 사업이 빠른 시간에 급성장하면서 내 사업도 다변화되어 갔다. 전국의 지사와 지점을 방문하면서 더 많은 사람으로부터 더 많은 정보를 얻고, 더 많은 사업 기회를 만나게 되었던 것이다. 한때는 경치가 좋은 곳에서 전원주택 사업을 시작해 보고자 적당한 장소를 찾아 전국을 돌아다니기도 했다. 그때 우리나라 곳곳이 쓰레기로 더럽혀지고 있다는 사실을 목격하게 되었다. 충격적이었다. 하지만 곧바로 사업 마인드가 발동했다.

전국의 쓰레기를 모두 태워 없앤다면 깨끗한 나라가 될 것 같았다. 공공 가치와도 부합되는 일이었다. 하지만 놀랍게도 당시 우리나라에는 소각로 제조 기술이 없었다. 소각로

제조 공장을 만들기 위한 기술 도입국으로 일본이 적합하다
고 판단했다. 몇몇 국회 의원과 환경청 담당 직원들에게 사
업 추진 협조를 부탁했다. 빠른 시간 내에 소각로 완성품 수
입부터 부분 수입 및 조립 완성을 거쳐 완전한 소각로 생산
공장을 만드는 계획까지 합의하고 계약을 앞두고 있었다.
그러나 끔찍했던 지진으로 인하여 도저히 더 이상 진행을
할 수 없는 상황이 되어 버렸다. 결국 이때의 충격으로 하고
있던 사업에 대한 의욕마저 잃고 말았다.

처음부터 환경 사업은 나의 분야가 아니었을지도 모른다.
하지만 '송충이는 솔잎을 먹어야 한다'는 생각에 갇혀 있었
다면 나는 애초에 어떤 사업도 하지 않아야 했다. 아니 그렇
게 따진다면 공부도 포기해야 했다. 당연하게 들리는 말도
되짚어 볼 필요가 있다. 송충이라고 자장면이나 탕수육을
먹지 말라는 법은 없지 않은가?

하지만 나는 현실에 서서히 굴복하고 있었다. 지진의 충격

으로 갑작스럽게 운명론자가 되어 버린 것이다. 소각로 사업을 접는 것은 물론이고 그전부터 하던 컴퓨터 관련 사업에도 소극적이 되어 버렸다. 새로 시도하려던 정보 통신 사업인 코리아네트는 계획 단계에서 실행을 아예 포기해 버렸고, 기존의 프랜차이즈 사업 컴퓨터꼬레아와 윈스컴에도 소극적이 되었다.

현실과의 타협, 혹은 안주의 징후였다. 열심히 사업을 한들 고베 지진과 같은 천재지변이 일어난다면 어쩔 수 없지 않은가 하는 생각이 나를 지배했다. 이유야 어떻든 이로 인해 나는 외부 영향을 받지 않고 예측 가능한 인생을 원하게 되었다. 사업 조직과 투자를 줄이게 되었고, 쉽고 편하게 살아가는 주변의 의견에 귀를 기울였다. 심지어 사업을 시작한 것이 후회되었고 단순한 생활을 하는 주변인들이 부러웠다.
'새롭게 노력해서 좌절하느니, 현상을 유지하면서 행복을 느껴 보자!'
좌절이 용기를 낳는다는 니체의 가르침은 이제 내 귀에 들리지 않게 되었다. 그동안 가꾸어 온 열매를 주위 사람들에게 나눠 주기로 했다. 컴퓨터꼬레아와 윈스컴의 모든 권리를 함께해 왔던 지사장들에게 대부분 물려주었다. 내 역할은 최소화했고, 사업은 현상 유지를 목표로 하게 되었다.

그렇다고 언제까지나 환경의 지배를 받고 있을 수는 없었다. 그랬다면 지금까지 한 번도 꿈을 꾸지 못했을 것이다. 한 번도 도전하지 못했을 것이다. 어느 철인이 했던 말처럼 내일 지구의 종말이 온다 해도 나는 오늘 사과나무를 심어야 했다. 마침 금융 실명제 실시로 인하여 정부에서는 전산 시스템을 구축하는 전문 전산인을 필요로 했다. 나는 기회라고 생각했다. 국가를 위해 일할 수 있는 기회. 나는 이를 위해 다시 박사 과정에 도전하기로 했다.

▶ 당연하게 들리는 말도 되짚어 볼 필요가 있다. 송충이라고 자장
　면이나 탕수육을 먹지 말라는 법은 없지 않은가?

▶ 그렇다고 언제까지나 환경의 지배를 받고 있을 수는 없었다. 그
　랬다면 지금까지 한 번도 꿈을 꾸지 못했을 것이다. 한 번도 도
　전하지 못했을 것이다. 어느 철인이 했던 말처럼 내일 지구의
　종말이 온다 해도 나는 오늘 사과나무를 심어야 했다.

사람들은 가지 않았으나 당신이 가야 할
그 길은 무엇인가?

1.

2.

새벽까지
불이 켜진 연구실

경쟁 회사들이 있을 때는 그래도 행복했다. 무명의 주식회사 컴퓨터꼬레아가 컴퓨터 통신 교육 시장의 기린아로 등장했던 순간에는 극한의 기쁨을 누렸다. 문제는 그 뒤에 찾아왔다. 경쟁 업체들의 파산을 보면서부터였다. 가까이서 실패하는 사람을 보는 것은 괴로운 일이었다. 하나를 제외하고는 모두 쓰러지는 시장에서, 쓰러진 상대의 모습을 보는 것은 쉬운 일이 아니었다. 나 또한 언제든지 넘어질 수 있을 것 같았다. 고베 지진 후에는 더욱 불안해졌다. 사업이 잘 진행되어도 악몽을 꾸기 일쑤였다. 썩어 가는 돈더미 속에서 냄새나는 나의 몰골이 보였다. 벗어나야 했다.

이제는 살벌한 경쟁을 해야 하는 사업보다는 공공 가치가 있는 일을 하고 싶었다. 때마침 문민정부의 김영삼 대통령은 대통령 긴급명령인 긴급재정경제명령 제16호를 발동하여 금융 실명제를 전격적으로 실행하였다. 금융 실명제는 정치 자금의 암거래와 정경유착의 관행을 깰 수 있는 역사적 경제 개혁의 시작이 될 것으로 기대되었다. 이 제도의 완벽한 실행을 위해 정부는 철저한 전산 시스템을 구축하는 전문 전산 인력을 필요로 했고 나는 다시 공공 가치를 위한 일을 하기로 마음먹었다. 그러나 그러기 위해 정부에서는 학위를 요구했고 이로 인해 나는 곧바로 박사 학위 공부를 다시 할 생각을 하게 되었다.

사업에서 또다시 학업으로 돌아가는 길은 간단하지가 않았다. 우선 박사 과정을 시작하기 위해서는 사업을 완전히 잊어야 했다. 그것은 얼마든지 가능했다. 왜냐하면 회사의 권리를 전국의 지사장들에게 이미 거의 대부분 나누어 주었기 때문이다.

하지만 정리하려 했던 사업은 얼마 가지 않아 갑자기 부도 처리되었고, 그 충격은 내게 엄청난 후유증을 남겼다. 돌아온 대학에서의 월급은 마이너스 통장으로 자동 차압되어 수년째 잔고가 보이지 않았다. 경제적 궁핍과 정서적 불안은 나뿐만 아니라 우리 가족의 건강과 생활마저 어렵게 만들었다. 직장 생활도 가정생활도 엉망진창이 된 것은 말할 것도 없다.

또다시 실패자가 되었던 것이다. 상황은 점점 복잡해져 회복이 불가능한 지경에 이르렀다. 모두가 스스로 자초한 일이요 엎질러진 물이었다. 누구를 탓할 수도 없었다. 대부분의 일들은 돌이킬 수 없는 상황이 되어 버렸고, 빈손이 된 내가 할 수 있는 일이라곤 아무것도 없었다. 궁리를 거듭해도 길이 보이지 않았다. 몇 날 며칠을 두문불출하기도 하고, 하릴없이 고향 경주를 찾기도 했다.

몇 년 만에 다시 찾은 고향 마을은 이전의 모습이 아니었다. 국립 공원으로 지정되어 봉황대 사이에 빽빽했던 집들의 흔적은 없어지고 잔디만이 허허롭게 심겨져 있었다. 변해 버린 풍광은 갑자기 바뀐 나의 상황처럼 애달프게 느껴졌다. 잔디밭에 앉아 온종일 옛날 생각에 잠기기도 했다. 또 해가 질 때쯤이면 포항의 바닷가도 찾았다. 언제나 변함없는 바다 풍경을 바라보며 새벽까지 머물다 돌아오기도 했다. 돌아오는 길에는 포항공대 앞을 지나면서 새벽까지 불이 켜진 연구실들을 바라보며 공부에 빠졌던 시절을 떠올렸다.

'그래, 저기서 한 번 더 해 보자. 이왕에 나라를 위해 공부하기로 마음먹었는데 다 지난 사업에 연연한들 무엇하겠는가. 다시 도전하는 거다. 지금까지의 내가 그랬듯이 나는 반드시 새로운 인생을 살 것이다. 아니 반드시 그래야 한다.'

그날 새벽에도 포항공대 앞길에 차를 세우고 어둠 속 연구실의 희미한 불빛을 바라보고 있었다.

'카이스트에 도전할 때도 그랬지. 맨주먹으로 할 수 있는 것은 공부밖에 없지 않은가? 포탄은 떨어진 그 자리에 다시

떨어지지 않는다고 하지 않던가?'

도쿄대 박사 과정에서 맞았던 포탄에 다시는 맞지 않기를 기도하며 포항공대 박사 과정 시험 준비를 시작하였다.

1996년 3월, 10여 년 만에 학생으로 돌아온 포항공대 캠퍼스는 너무 낯설었다. 나는 영락없이 외계인이었다. 30대 후반이 되어 버린 나는 이력도, 생각도, 처지도, 다른 학생들과는 너무 달랐다. 대부분의 교수들보다도 나이가 더 많은 학생이었고, 어린 학생들 사이에서의 학교생활은 쑥스럽기만 했다. 게다가 공부는 내가 할 일이 아닌 듯 좀처럼 집중도 되지 않았다.

그러나 유학도 사업도 실패하고 참담한 상태로 다시 찾은 박사 과정이니만큼 절대로 포기할 수는 없었다. 이제는 적성이고 소질이고 생각할 겨를이 없었다. 무조건 해야만 했다. 시험 성적이 나빠져 또다시 실패가 두려워질 때는 성공한 사람들의 책을 읽으며 자신감을 키워 나갔다. '나도 학위

를 받으면 내 이야기로 사람들에게 희망을 주리라.' 인생의
의미를 부여할 수 있는 마지막 승부를 걸었다.

　다시 지난날을 되돌아보며 교훈을 찾았다. 내가 찾은 답은
간단했다. 그것은 선택과 집중, 즉 단순화하기 전략이었다.
'그래, 한 가지만 하자.'
　사업도 통신 교재만으로 기적을 일구어 내지 않았던가?
그러면 되는 것이었다. 생각해 보니 처음 장학생도 5과목만
으로, 카이스트도 3권만으로 그리고 문부성 시험도 일본어
만화책만으로 해결하지 않았던가! 박사 과정이라고 다르겠
는가? 중요한 한 가지만 잘하면 모든 게 해결된다는 결론을
내렸다.

　일본에서 배운 것, 일본 유학에서 경험한 것을 이용하기
로 했다. 내가 한국에서 컴퓨터공학을 전공하는 다른 학생
들보다 잘할 수 있는 한 가지는 바로 일본어였다. 컴퓨터를
이용하여 일한 번역기를 만드는 내용으로 박사 논문을 쓰기

로 했다. 컴퓨터에 데이터화된 수백만 개의 언어 용례로부
터 한국어와 일본어 문장들의 사용 패턴 유사점과 차이점을
찾아내어 컴퓨터 번역에 적용하는 내용이었다. 이 작업에서
공학도로는 흔하지 않은 외국어 능력을 앞세워 박사 학위를
취득할 수 있었다.

▶ 금융 실명제는 정치 자금의 암거래와 정경유착의 관행을 깰 수 있는 역사적 경제 개혁의 시작이 될 것으로 기대되었다. 이 제도의 완벽한 실행을 위해 정부는 철저한 전산 시스템을 구축하는 전문 전산 인력을 필요로 했고 나는 다시 공공 가치를 위한 일을 하기로 마음먹었다.

▶ 내가 찾은 답은 간단했다. 그것은 선택과 집중, 즉 단순화하기 전략이었나.

오뚝이가 되자. 당신이 한다면 누구보다도
잘할 수 있을 일은 무엇인가?

1.

2.

"대~한민국! 짜짝~짝 짝짝!"

거리는 붉은 악마들로 넘쳤다. 2002년 뜨거웠던 그 여름, 나는 두 아이와 함께 매일 같이 거리를 활보하며 다녔다. 어떤 날은 시내 중심가 가장 넓은 교차로에서, 또 어떤 날은 야구장이나 축구장의 대형 화면으로 경기를 관람하면서 붉은 악마가 되었다. 한일 월드컵의 기억은 아직도 생생하고 그 열기가 그대로 느껴지는 것 같은데 벌써 10년도 훨씬 넘어 아련한 추억이 되어 버렸다.

우리나라가 폴란드와 포르투갈을 이기고 16강에 진출하던 날, 이탈리아에 역전승하고 8강에 오르던 날, 페널티 킥 승부로 스페인을 이기고 4강에 오르던 날, 그날들은 하루하루가 축제였다. 주체할 수 없는 기쁨은 어디에서나 느껴졌다. 시내가 떠나가도록 경적을 울리며 미친 듯 달려도 누구 하나 탓하는 사람이 없었다. 곳곳이 태극기의 물결로 출렁거렸고 가는 곳마다 기쁨의 함성이 터져 나왔다.

하지만 그 당시 나의 개인 상황은 기쁨과 함성이 넘치는 축구 열기와는 사뭇 달랐다. 한마디로 암울했다. 불과 2년 전인 2000년 2월 20일, 각고의 노력 끝에 박사 학위를 받았다. 그런데 이상했다. 기쁨은 잠시였고 이내 허망함이 느껴졌다. 이것 때문에 이렇게 살아왔던가? 안정되고 보람 있게 살아 보고자 다시 공부한 끝에 학위를 받았는데 그렇게 허망함이 밀려올 줄은 정말 몰랐다.

늦은 나이에 취득한 학위가 그리 자랑스럽지도 않았고, 그동안 보살피지 못한 아이들의 교육 문제 때문에도 마음이 무거웠다. 이즈음 초등학교에 다니던 작은아들은 학교에서 부진아 판정을 받았고, 중학생이던 큰아들은 학교에 다닐 생각이 완전히 없어 보였다. 아이들도, 건강도, 경제 형편도 다 나빠지기만 하였는데, 이따위 학위가 무슨 필요가 있단 말인가? 자신의 성공을 위한 그간의 노력이 행복해야 할 가정에 웃음을 잃게 하고 말았다는 후회가 또다시 몰려왔다.

하지만 시간이 지나면서 우왕좌왕 살아온 지난날들의 의미를 조금은 깨닫게 되었다. 사업 정리 후의 어려움을 해결하려고 학업에 정면 승부를 걸지 않았다면, 과연 나는 어떻게 되어 있을까? 그것은 내가 사업에서 다시 확인한 지혜였다. 중요한 것 한 가지를 발견해서 집중하는 것이었다.

인생의 문제는 풍선을 터뜨리는 것과 유사할지도 모른다. 큰 풍선을 안아서 터뜨리기 위한 강건한 체력이 없으면 뾰족한 자기 나름의 바늘을 준비해야 한다. 아무리 크고 튼튼한 풍선도 바늘로 찌르면 쉽게 터진다. '중요한 한 가지만 잘하면 현실적인 문제를 모두 해결할 수 있다'는 사업에서 확인한 이 확신은 공부에도 생활에도 많은 도움이 되었다.

그동안 공부와 사업으로 소홀했던 내 아이들이나 학생들에게 해 줄 일도 같은 방법으로 해결했다. 스스로 타고난 재주가 없다고 믿었던 나는 열심히 산다고 살았지만 곳곳에 문제가 생겼다. 집의 아이들은 학습에 흥미를 잃어 가고 있었고, 내가 배운 지식은 학생들을 가르치기에는 너무 낡은 것이었다. 컴퓨터 기술의 빠른 발달로 전공 내용이 너무나 바뀌었던 것이다. 아버지로서도, 교수로서도 어려움이 많았다.

이 어려움 속에서 내가 택한 바늘은 영어였다. 모든 사람에게 영어가 필요한 시대가 온다고 생각하였기 때문이다. 유학 가기 전에 했던 영어 공부를 다시 해 보기로 했다. 새벽에는 학원에 가서 영어 수업을 받고, 돌아와서는 하루 종일 영어 DVD를 보았다. 틈틈이 외국인과 영어로 편지도 주고받으며 산 영어를 익혔다. 영어 공부와 함께 해가 뜨고 영어 공부와 함께 해가 저물었다. 시간은 꽤 많이 걸렸지만 차츰 영어에 자신이 생기기 시작했고, 만나는 외국인 친구들도 하나둘 늘어 가기 시작했다.

그러자 주변에서는 나의 영어 학습에 대한 특별한 비결이 있다고 생각하기도 하였고, 심지어 그에 관한 특강을 요청하기도 하였다. 내 집 두 아이들이 어려워하던 영어 학습을 자신 있게 도와줄 수가 있었고, 마침내 대학의 학생들에게도 영어 학습 방법론 강의를 시작하게 되었다. 그뿐만이 아니었다. 갑자기 할 일들이 많아졌다. 영어로 동기 부여 강의를 시작하게 되었고, 아리랑과 같은 전통 민요를 영어로 불러 주변을 놀라게도 하였다.

열등감 속에 시작한 영어 학습이 또다시 기적을 낳기 시작한 것이다. 많은 사람들이 "역시!"라며 나에게 천재성이 있음을 인정하기도 했다. 하지만 나는 천재가 아니다. 사업을 하면서 터득한 지혜를 사용했을 뿐이었다. 그렇다. 사업이든 인생이든 중요한 것 한 가지만 잘하면 된다. 실제로 나는 절대로 여러 가지를 같이 못 한다. 멀티플레이어가 못 된다. 여러 과목을 공부했던 청소년 시절의 내 성적이 그러했듯이, 두 가지 이상을 두 사람 이상과 경쟁한 경우 나는 언제나 꼴찌에 가까웠다. 이런 내가 어찌 천재일 수 있으랴!

바보에게도 작전은 있었다. 날개를 달 수 있는 방법을 알게 된 것이다. 한 가지만 하는 것이다. 한 가지만 선택해서 집중하는 것이다. 물론 그것은 자신이 할 수 있는 분야이어야 하고, 자신과 다른 사람들에게 도움이 될 수 있는 의미 있는 일일 때 더욱 효과적일 것이다.

그것은 아무도 가지 않은 길 찾기의 지혜가 된다. 카이스트 입학, 도쿄대 유학, IT 사업가, 동기 부여 강사, 영어 강사, 영어 민요 창시자, 환경 사업가 등 남들이 생각지 않는 길 찾기는 전부 내가 찾은 바늘 덕분에 가능했다. 절망 속에도 희망은 있다. 철학자 니체도 "절망한 자들은 대담해지는 법이다"라고 했다. 도마뱀의 짧은 다리가 날개 돋친 도마뱀을 태어나게 하지 않는가? 가다가 길이 막히면 자신만의 바늘을 찾자.

▶ '중요한 한 가지만 잘하면 현실적인 문제를 모두 해결할 수 있다'는 사업에서 확인한 이 확신은 공부에도 생활에도 많은 도움이 되었다.

▶ 카이스트 입학, 도쿄대 유학, IT 사업가, 동기 부여 강사, 영어 강사, 영어 민요 창시자, 환경 사업가 등 남들이 생각지 않는 길 찾기는 전부 내가 찾은 바늘 덕분에 가능했다.

　　중요한 한 가지만 잘하면 된다. 당신의 바
　　　　　　　늘은 무엇이 될 것인가?

1.

2.

바보도
날 수
있다

나는 어릴 적부터 착하고 성실하였다. 하지만 고등학교를 졸업할 때까지 성적은 중간 이상을 해 본 적이 없다. 그런데도 국내외 유명 대학에 입학하여 우수한 성적을 기록했고 학위도 받았다.

우리 집 아이들도 마찬가지다. 큰아이는 고등학교 입학 다음 날부터 등교를 거부했고, 작은아이는 초등학생 때부터 부진아 판정을 받았다. 하지만 아이들은 사회복지학과와 의예과 대학생이 되었다.

구체적으로, 수학이라면 언제나 꼴찌를 기록하던 아빠는 수학으로 박사 논문을 쓰게 되었고, 영어라면 보기도 싫어하던 아이들이 영어야말로 가장 자신 있는 과목이라고 말하게 되었다. 그 비결을 공개한다.

큰아이는 초등학교 입학식 때부터 학교에 가려 하지 않았다. 어릴 적에는 과보호가 문제였던 것 같고, 중학생 때는 친하게 지내던 친구들에게 문제가 있었던 것 같다. 중학교를 중퇴한 친구나 고등학교 입학을 하지 않은 가까운 친구들이 너무 많았던 것이다. 중학교를 졸업할 때쯤에는 고등학교에 가지 않겠다고 했다. 이유를 물었더니 자기만 고등학교에 다니기가 미안하기 때문이라는 황당한 이야기를 했다.

기가 찼다. 쫓아내고 싶은 생각도 들었다. 하지만 그래도 내 아들이었다. 자식 사랑하는 마음이야 어느 부모와 다를까. 아내와 함께 고민을 하다가 친구와도 당분간 떨어지고, 공기 좋은 곳에서 좀 여유 있게 공부할 수 있는 대안 학교를 떠올렸다.

이곳저곳 상담을 하다가 속리산 아래에 있는 대안 학교에 입학을 시켰다. 아늑한 곳에 위치한 아담하고 예쁜 학교가 마음에 들었다. 그런데 얼마 후에 학교에서 연락이 왔다. 아들이 파출소에 붙잡혀 갔다는 것이다. 청천벽력이었다.

학교가 있었던 시골 마을에 조그만 가게가 하나 있었다. 주인이 자리를 비운 사이 친구들과 함께 문을 부수고 들어 갔단다. 목적은 담배를 훔치기 위해서였다. 이를 본 동네 주민이 신고를 했고, 경찰이 출동했던 것이다.

내가 찾아갔을 때 아이는 아무 일도 없다는 듯 태연했다. 오히려 나를 이상한 눈으로 쳐다보았다. 뭐가 문제냐고 항변이라도 하는 것 같았다. 도대체 왜 그랬냐고 물었더니 돌아온 답은 더 가관이었다. 학교에 있는 친구들이 거의 다 담배를 피운다는 것이었다. 할 말을 잃고 말았다. 마음이 답답하고 아팠다. 그날 밤 걱정과 고민은 태산을 이루었다. 결론은, 그냥 주저앉아 있을 수는 없다는 것이었다. 아이를 위해 뭔가를 해야 했다. 자식은 부모를 포기하는 걸 보았지만 부모는 자식을 포기할 수 없기 때문이다. 생각 끝에 나는 대안학교의 학부모 강사로 등록하고 강의에 참가하기로 했다. 얘기를 자주 나누면서 학생들과 친밀감도 생겼다. 무엇보다도 우리 집 아이와 가까워질 수 있었다. 차츰 아빠의 애절한 마음을 느끼는 듯했고, 마침내 스스럼없이 대화도 하게 되었다. 나중엔 자신의 미래에 대해서도 말하기 시작했다.

부진아라던 막내 아이도 그대로 두고만 볼 수는 없었다. 우선 좀 더 자세히 지켜보기 위해서 근무지 가까이에 있는 초등학교로 전학시켰다. 도대체 무슨 공부를 얼마나 못하기에 부진아가 되었는지 궁금하기도 하고, 또 가까이서 잘 살펴보고 어떤 형태로든 하루 빨리 처방을 내려야겠다고 생각했기 때문이다.

겨우 초등학교 4학년이었던 작은아들은 국어, 산수 등의 주요 과목들은 이해도가 떨어져 내가 보기에도 학교 공부가 무리였다. 왜 부진아라고 불리는지 알 것 같았다. 사회와 자연 과목만을 퀴즈식으로 공부할 수 있는 수준이었다.

그런데 하루는 집에 돌아온 아이가 학교에서 이상한 일이 있었다고 했다. 다름 아닌, 사회 과목 시험이 있었는데 자신은 또 두 개나 틀렸다고 했다. 선생님께서 하나 틀린 사람이 있는지 물어보셨는데 한 명도 없었다고 한다. 다음으로 두 개 틀린 사람은 손들어 보라시기에, 그날도 벌을 선다고 생각하고 혼자서 손을 들었다고 했다. 그런데 알고 보니 자기가 반에서 일등이었다고 했다.

태어나서 처음 한 일등이라 아직 상황 파악이 안 되는 것 같았다.

"이상하긴? 열심히 공부했으니까 일등한 거지. 훌륭하구나. 잘했으니, 아빠가 선물 하나 사 줘야겠구나."

나는 이날의 성과를 녀석이 꼭 기억하기를 원했다. 집 바로 앞의 화원에 가서, 활짝 피어 화려한 자태를 뽐내며 플라스틱 화분에 곱게 담겨 있는 수련을 사 주었다. 녀석은 학교에 다녀오면 그 수련이 햇볕을 잘 쬐고 있는지 물은 충분한지 확인하며 공을 들이기 시작했다. 수련은 쑥쑥 자랐고 자신이 키우고 있음에 만족해 하는 것 같았다. 나도 녀석이 알지 못하게 거름을 주는 등 마음을 같이했다.

다른 화초보다 확실히 잘 자라는 수련을 보며 자신이 처음으로 해 보았던 일등의 기억을 지켜 가는 것 같았다. 나는 기회가 있을 때마다 녀석의 노력을 칭찬하였고 노력한 만큼 결과가 있음도, 언제부터 어떻게 해서 그 수련을 키우게 되었는지도 가끔씩 상기시켰다. 아이는 결과가 노력하고 연관이 있음을 차츰 느끼는 모양이었다. 공부하는 모습을 자주볼 수 있었고 성적도 꾸준히 향상되고 있었다.

중학생이 되면서 국어와 수학 등의 주요 과목에서도 성적이 올라갔다. 그런데 문제는 영어였다. 성적도 여전히 좋지않았지만 관심도 별로 없어 보였다. 어쩌면 아이들은 부모들의 영향을 받는지도 모르겠다. 어릴 때 나는 거의 모든 과목을 제대로 하지 못하였지만, 아이들의 엄마는 수학과 물리 등을 잘하여서 아이들도 그런 성향을 물려받은 듯했다. 수학과 물리는 얼마든지 공부하겠는데, 영어는 도저히 못하겠다고 했다.

한국 사람이라면 누구나 인정하듯이 영어 성적이 좋지 않으면 우리네 중고등학교에서는 제대로 평가받기 어렵다. 나는 생각 끝에 아이와 협상을 하였다. 일주일 내내 영어는 공부하지 않고 자신이 원하는 공부만 하는 대신에 주말 하루만은 영어를 공부하기로. 하지만 책상 앞에서는 장시간을 계속 공부할 수 없어 영어책을 들고 시장으로 산으로 또는 찜질방으로 다니면서 읽도록 했다. 이 역시 결과가 좋았다. 아이는 그런 날을 'Market English Day', 'Mountain English Day', 또는 '찜질방 English Day'라 부르며 영어 공부에 흥미를 가지기 시작했다.

시간이 흐르면서 영어가 점점 재미있는 과목으로 변해 가기 시작했고, 이는 다른 과목의 학습에도 서서히 영향을 미치게 되었다. 고등학교 3학년이 되어 수능 시험을 볼 무렵에는 영어가 가장 자신 있는 과목이 되었다. 작은아이는 이런 말을 가끔씩 했다.

"아빠, 저는 영어 공부는 별로 하지도 않는데 성적은 계속 올라가요."

그러나 그렇지 않았다. 작은아들은 누구보다도 많은 시간을 영어 공부에 투자했지만 그것을 느끼지 못했을 뿐이다. 영어 공부를 싫어했던 아들은, 주말에만 공부하기로 함으로써 더 이상 그것을 미루지 않는 효과를 보았다. 그 외에도, 나는 지속적인 학습을 위해 외국인 친구들을 불러서 함께 게임을 하는 등 영어와 관계된 흥미 조성에 노력하였다. 문제가 있는 과목의 공부는 포기할 때까지 참아 내는 것보다는 흥미롭게 지속적으로 공부하는 방법이 중요하다. 그러면 누구나 1등급이 될 수 있다.

▶ 수련은 쑥쑥 자랐고 자신이 키우고 있음에 만족해 하는 것 같았
다. 나도 녀석이 알지 못하게 거름을 주는 등 마음을 같이했다.

▶ 영어책을 들고 시장으로 산으로 또는 찜질방으로 다니면서 읽
도록 했다. 이 역시 결과가 좋았다. 아이는 그런 날을 'Market
English Day', 'Mountain English Day', 또는 '찜질방
English Day'라 부르며 영어 공부에 흥미를 가지기 시작했다.

사랑하면 식물도 마음을 연다. 당신이 공
부를 사랑하는 방법은 무엇인가?

1.

2.

"바위는 아무리 강해도 죽은 기고 계란은 아무리 약해도
살은 기라꼬, 바위는 부서지가 모래가 돼도 계란은 깨 나서
그 바위를 넘는다, 이런 얘기는 모립니꺼?"

영화 〈변호인〉에서 젊은이들의 요구가 '계란으로 바위 치
기'란 송 변호사의 말에 국밥집에서 일하던 대학생 진우가
했던 말이다. 우리 인생이 살 만한 이유는 계란이 바위를 뛰
어넘는 드라마틱한 일들이 가끔씩 일어나기 때문이다. 그랬

다. 나도 계란이고 싶었다. 계란이 될 수 있다고 생각했다. 계란이 되어 성적이라는 바위를 넘고 싶었다. 문제는 그 방법이었다. 고민하던 중 나는 밑 빠진 독에 물 붓기식 작전을 택했다. 예를 들자면 6·25전쟁 때 중공군의 인해 전술 같은 것 말이다.

초중고 시절에도 학업 성적이 좋지 않았던 내가 대학에서 학사 경고를 받았다는 사실은 전혀 이상한 일이 아니었다. 밑 빠진 독에 물 붓기식으로 무모하게 도전해 보고 안되면 포기할 수도 있었다. 하지만 이미 인생의 바닥이라 느껴진 그때는 시행착오를 해도 좋을 만큼 마음의 여유가 전혀 없었다. 학업의 포기는 인생의 포기라는 강박 관념에 사로잡혀 있었다. 해도 해도 안되던 공부였지만 독하게 마음먹고 밑 빠진 독에 물 붓기 작전으로 다시 한 번 시도하지 않으면 안 되었다. 공부에 어찌 지름길이 있고 왕도가 있겠는가?

공부에서도 역전을 바란다면 무모한 용기가 필요하다. 지금까지 해 온 방법에서 노력을 더해 보는 수밖에 다른 묘수가 없었다. 그러기 위해서는 먼저 시간을 충분히 확보해야 했다. 공부 시간을 늘리는 것부터 시작했다. 아침 첫 버스를 타고 학교에 와서 저녁 늦게까지 주로 도서관과 빈 강의실에서 생활하였다. 놀아도 도서관에서 논다는 생각을 했다. 처음에는 효과가 거의 느껴지지 않았다.

장시간 공부하는 습관이 되어 있지 않았던 탓에 하루 종일 도서관에 앉아 있어도 도무지 집중이 되지 않았다. 그러나 달리 뾰족한 방법이 없었다. 처음 한 달 동안이라는 시간을 정해 놓고 하루 종일 앉아 있는 습관을 만들기로 하고, 그러고 나서 집중이 되는지를 살펴보기로 했다. 아쉽게도, 한 달이 지나도록 집중이 안 되는 것은 똑같았다. 답답한 마음에 머리도 다시 빡빡 깎아 보았다. 그렇게 하면 멋 부릴 생각도, 어딘가 나다닐 생각도 없어질 것 같아서였다. 고진감래. 정말 그랬다. 각고의 노력 끝에 조금씩 집중이 되기 시작했다.

하지만 또 다른 문제가 생겼다. 도서관에서 가끔씩 마주치며 알게 된 사람들이 나를 비웃기 시작하는 것 같은 느낌이 들었다. 학사 경고생 콤플렉스가 다시 발동했던 것이다. 도서관에서 제일 성실해 보였던 나의 실체가 알려진 건 아닐까? 대학에서 가장 열심히 공부하던 내가 사실은 대학에서 공부를 제일 못하는 녀석이라는 소문이 난 건 아닐까? 나는 웃으며 나를 반겨 주는 사람들을 비웃고 있다고 해석할 정도로 자괴감이 깊어져 갔다. 하지만 이 또한 밑 빠진 독에 물 붓기식으로 해결하는 수밖에 달리 도리가 없었다. 실제로 나를 비웃는 사람도 없었겠지만, 그 당시 나는 '두고 보라'는 생각을 하며 공부에 매진했다.

꾸준히 공부하는 시간을 확보해 나갔다. 집중력이 흐트러질 때는 눈에 보이는 학습의 양으로 위로를 삼았다. 머리로 공부했던 양을 추정하기보다는 손으로 기록한 학습량을 확인해 가며 안도감을 가지려 했던 것이다. 이해가 필요한 학습은 한 시간에 한 페이지씩 노트 작성하는 것을 목표로 했고, 암기나 풀이를 위한 연습을 위해서는 하루에 20장 정도의 연습장을 가득 채우는 것을 목표로 삼았다. 말하자면 밑 빠진 독에 물 붓기 방식은 질보다 양에 의존하는 학습 방법이었다.

결국 눈에 보이는 기록된 노트와 연습장들이 쌓여 감에 따라서 성취감이 생기기 시작했다. 쌓여지는 연습장과 노트를 보아 가며 공부한 게 확실하다는 자신감이 들기 시작했던 것이다. 독에 쌓인 물보다는 얼마나 물을 부었는가에 집중했던 이 학습법으로 부진아의 수렁에서 빠져나오게 되었다. 서서히 공부에 자신감이 생겼고 자신감이 생기니 공부를 계속하는 것이 어렵지 않았다. 작은 성취감이 가져다주는 연속되는 자신감보다 더 값진 삶의 응원군이 있을까.

밑 빠진 독에 물 붓기는 이후에도 유용하게 사용되었다. 수학이나 영어를 공부할 때도 추상적인 목표보다는 기록한 양으로 결과를 정하게 되었고, 실제로 공부를 하고 있다는 확신을 갖는 계기가 되었다. 이는 이후에 어려운 연구를 할 때도 마찬가지였다. 대부분의 사람들이 시작할 엄두를 내지 못하는 어려운 연구를 할 때도 나는 무언가를 기록해 가며 그 흔적으로 자신감을 키워 가며 계속할 수가 있었다.

공부뿐만 아니라 삶의 일상에서 누구에게나 가장 필요한 것이 자신감이다. 지금 공부를 잘하고 있다는 확신만 있으면 어렵지 않게 계속할 수 있고, 또한 쉽게 성과를 낼 수 있다. 그러므로 학습 자체의 효율에 지나치게 신경을 쓰기보다는 기록하는 양이나 공부하는 시간의 양을 확보해 가면서 자신감을 유지해 가는 방법도 슬럼프를 극복하는 학습법이 될 수 있다. 지금 공부가 잘되고 있는지 아닌지 불안한가? 그렇다면 지금 즉시 밑 빠진 독에 물 붓기식으로 공부해 보라. 분명히 학업 도중에 일어나는 대부분의 학습 갈등을 줄일 수 있는 방법이 되리라 확신한다.

▶ 해도 해도 안되던 공부였지만 독하게 마음먹고 밑 빠진 독에 물
  붓기 작전으로 다시 한 번 시도하지 않으면 안 되었다. 공부에
  어찌 지름길이 있고 왕도가 있겠는가?

▶ 학습 자체의 효율에 지나치게 신경을 쓰기보다는 기록하는 양
  이나 공부하는 시간의 양을 확보해 가면서 자신감을 유지해 가
  는 방법도 슬럼프를 극복하는 학습법이 될 수 있다.

당신에게 밑 빠진 독에 물 붓기의 학습법
이 필요한 부분은 어딘가?

My Action

1.

2.

'혹 바보는 아닐까? 나는 수학 공부를 절대로 할 수 없는 바보일지도 몰라!'

어릴 때부터 자주 나를 괴롭히던 고민이었다. 불가능하다고 생각했던 일들도 막상 결심하고 시작하면 의외로 간단한 경우가 많았다. 하지만 수학은 절대로 그렇지 않았다.

수북하게 쌓인 연습장과 함께 수학 문제지는 내 곁을 떠날 때가 없었지만 수학 성적은 언제나 최하위권이었다. 할 수만 있다면 수학 공부로부터 벗어나고 싶었다. 수학 없는 세상에서 살고 싶었다. 그러나 도망치고 싶다고 도망칠 수 있는 것은 아니었다. 원수는 외나무다리에서 만난다고 도쿄 유학 시절에는 2년 동안 줄곧 수학 공부만 해야 했다.

　실제로 수학 문제의 풀이를 보면 대부분 이해가 되었다. "수학은 답안지의 문제 풀이를 봐 가며 공부를 해서는 안 된다"고 하시던 선생님의 말씀이 머릿속에 각인되어 있어 장님이 돌다리 건너듯 끙끙대며 혼자서 문제 풀이에 매달린 적이 많았다. 또한 '수학은 암기'라고 하여 어떤 때는 알 수 없는 풀이 과정을 달달 외워 보기도 하였다.
　그렇게 공부를 열심히 했건만 정작 시험장에서 문제지를 받아 들기만 하면 언제나 눈앞이 캄캄했다. 그동안 공부한 것은 하나도 생각나지 않았다. 머리가 하얗게 바래지는 느낌이었다. 문제 풀이는 시작도 못하고 뜸만 들이다가 끝나는 경우가 대부분이었다. 어쩌란 말인가? 노력은 모두 다 헛일이었고 수학은 여전히 어려웠다.

그럼에도 불구하고 나는 이공 대학에 입학했다. 졸업 후의 취업 문제를 걱정하신 아버지의 권고에 의한 것이었다. 나는 인문계 공부로는 살아갈 만한 위인이 못 된다고 판단하셨던 것이다. 수학 관련 과목이 많았던 교양 과정에서 제대로 학점을 받은 게 없었다. 그래도 가까스로 전공 과정에 들어갔다. 그때부터는 수학과 관련 없는 과목이 많아서인지 그나마 이럭저럭 학교생활에 적응해 갈 수 있었다.

하지만 도쿄대로 유학 가서는 결국 수학 관련 과목만을 죽도록 공부해야 했다. 박사 논문을 제출하는 기본 소양으로 수학과 물리의 자격시험을 통과해야 했기 때문이다. 더 이상 피할 수 없는 전쟁이 시작되었던 것이다. 태어나서 가장 두려워했던 수학과 정면 승부를 해야 했다. 그때까지 한 번도 이겨야겠다고, 아니 도저히 이길 수 있다고 여긴 적이 없었던 바로 그 수학과 말이다.

그러나 2년 동안 수학만 공부하는 것이기에 시간은 충분하리라 생각했다. 중고등학교 수학에서 시작하여 기초부터 철저히 다져 나갔다. 이해가 되는 문제는 몇 번씩 다시 풀어 보고, 모르겠다 싶은 문제는 숫제 외우다시피 했다. 조금씩 수학의 문리가 트이는 것 같았다. '진작 이렇게 정면 승부를 할 걸'이라는 생각이 들 정도였다. 기초가 단단해지면서 도쿄대 대학원 수학 문제도 풀리기 시작했다. 세상에는 해서 안 되는 것이 없다는 확신이 들었다. 놀라운 변화였다.

정작 중요한 난관은 시험장에서 만났다. 문제를 풀려고 시작하면 금방 답안지가 찢어지는 것이었다. 답안지를 자꾸 바꿔 달라고 할 수도 없어 조심조심, 연필에 힘을 주지 않고 문제를 풀어 보려고 애를 썼다. 그러나 그 노력도 허사였다. 그러다 보니 너무 당황했고 시험장에서는 대부분의 문제가 풀리지 않았다. 지금 생각해도 아쉬운 것은, 시험장을 나와서 생각하면 금방 풀리는 문제들이었지만 시험장에서만은 손가락도 마음도 고드름처럼 꽁꽁 굳어 버리는 것이었다. 귀신이 따라다니며 훼방하는 것 같다는 생각이 들기도 했다. 결국 자격시험을 통과하지 못한 나는 쓰라린 기억을 가지고 귀국해야 했다.

다시는 공부하지 않겠다. 특히 수학은 하지 않겠다. 여러 번 생각을 곱씹었지만 운명은 나를 그대로 두지 않았다. 사업을 시작하면서 새로운 인생을 시작하기도 했지만 그것도 잠시였다. 결국 나는 포항공대에서 다시 공부하게 되었고, 박사 논문을 쓰기 위하여 보통 수준이 아닌 고차원의 수학을 또다시 하지 않으면 안 되었다.

공포의 수학! 더 이상 계속할 자신이 없었다. 하지만 내 논문 〈일한 기계번역에서 접속어미의 애매성 해소를 위한 대조 연구〉에서는 수백만 개의 한국어와 일본어의 사용실례에서 분명하지 않은 언어 패턴을 찾고 정리하는 것으로 수학과 통계에 통달하지 않으면 이론을 전개할 수가 없었다.

논문을 완성해야 하는 박사 과정 마지막 무렵이었다. 수학으로 인해 더 이상 연구 진행에 자신이 없어졌다. 자신감을 상실한 내 자신을 달래 보고자 심리학, 최면술 등의 책을 읽기 시작했다. 인간 정신의 또 다른 내면 풍경을 알아보고 싶었다. 그러던 중 무의식의 세계를 알게 되었다. 인간은 무의식에 의해 조절되고, 통제되고, 움직이는 동물임을 알게 되었다.

무의식이 바닷속에 잠긴 빙산이라면 의식이란 수면에 떠오른 빙산의 일각이었던 것이다. 차츰 자신 없는 전공 서적보다 최면 심리와 같은 서적에 더 빠져들게 되었다. 마침내 최면 심리 연구로 유명하던 동아대 설기문 교수에게 연락하면서 그의 지도를 받게 되었다. 최면 강좌의 일부인 '연령 퇴행'이라는 부분을 경험할 때였다. 완전 최면(trance) 상태에서 과거 어릴 적 충격받았던 장면을 떠올리는 실습을 하였다.

바람이 세차게 부는 추운 겨울이었다. 싸늘한 방이었지만 그래도 아빠와 함께하는 나는 행복했다. 그날도 아버지는 산수 문제지를 나에게 주시고, 내가 쓱쓱 풀어 가는 것을 기쁘게 지켜보셨다. 초등학교 2학년이었던 나는 그것이 즐거웠다. 매일 같이 계속한 산수 풀이였지만 아버지가 기특하게 여기시는 것이 즐거웠다. 그런데 어느 날 갑자기 분위기가 일변했다. 한순간 아버지의 얼굴이 붉게 달아오르더니 내 뺨을 때리고 공부하던 상을 걷어차셨다. 너무나 무서워 나는 그 이유를 물어보지도 못했다.

최면을 통해 돌아가 본 나의 어린 날은, 수학 문제를 앞에 두고 뺨을 때리는 아버지 앞에서 벌벌 떨고 있는 모습이었다. 왜 그러셨을까? 수학 천재인 줄 알았던 아들이 생각 없이 아무렇게나 답을 적었든지 아니면 답지를 보고 그냥 베꼈다고 생각하셨는지, 그것도 아니면, 다른 일이 있었는지 아직도 나는 그 이유를 모른다. 무의식 속에 살아 있는 내 어린 날의 아버지는 이제 이승에 계시지 않으니 물어볼 수도 없다.

내가 의식적으로는 기억하지 못하는 이런 일이 있었기 때문인지 세월이 많이 흐른 후에도 즐거웠던 산수 풀이는 지겹도록 싫어지고 무서웠다. 답을 잘 모르면서 문제를 풀면 갑자기 상황이 악화될지 모른다는 트라우마까지 생겼다. 도쿄대 수학 문제는 적어도 몇 십 분씩 풀어 봐야 답이 겨우 짐작되었다. 하지만 모르면서 답안지를 써 내려가는 것은 어릴 때부터 할 수 없는 일이 되고 말았다.

그러나 잠깐 동안의 연령 퇴행이란 최면 상태에서의 경험은 내게 큰 의미로 다가왔다. 수십 년 동안 가졌던 수학 공포의 원인을 알게 되었기 때문이다. 그것은 학창 시절 내내 그리고 도쿄 유학 시절에도 풀리지 않는 수수께끼였으며 끔찍한 기억으로 남아 있다. 그동안 수학 공부가 왜 그렇게 힘들었는지에 대한 원인만 확인했을 뿐이었는데 내게는 놀라운 결과가 나타났다. 아버지 앞에서 산수 문제를 풀던 그 즐거움을 다시 느끼게 된 것이다. 산수로 내가 즐거웠듯이, 수학으로 나는 즐겁게 연구의 답을 찾을 수 있었다. 수학의 잡귀, 그 무서운 공포가 사라졌던 것이다.

이런 일이 있은 후 나는 멈추었던 논문 작성을 다시 시작했다. 우선 문제가 되었던 수학적 논리 전개부터 정리해 들어갔다. '문자열로부터 계산하는 글자 패턴', '계산 언어학', '문자계산의미론과 그 응용', '한일 글 뭉치로부터 얻어지는 통계적 형태' 등의 수학적 논문을 쉽게 정리해 내었다. 수학적 공식으로 내가 개발한 이론을 국내외 학회지와 학술지를 통해 여러 번 증명하기도 했다. 문제가 있으면 반드시 해결책도 있게 마련이다.

▶ 최면을 통해 돌아가 본 나의 어린 날은, 수학 문제를 앞에 두고 뺨을 때리는 아버지 앞에서 벌벌 떨고 있는 모습이었다. 왜 그러셨을까?

▶ 잠깐 동안의 연령 퇴행이란 최면 상태에서의 경험은 내게 큰 의미로 다가왔다. 수십 년 동안 가졌던 수학 공포의 원인을 알게 되었기 때문이다.

원인을 알면 문제는 해결된다. 당신 문제
의 원인은 무엇인가?

My Action

1.

2.

학습 열등생 탈출을 위한
10가지 전략

열등생과 우등생의 거리는 생각만큼 멀지 않았다. 해도 해도 안되었던 어린 시절과는 다르게 대학에서 학사 경고를 받고 나서부터는 나도 공부에서 두각을 나타내기 시작했다. 변화의 원동력은 학습하는 방법에 있었다. 여기서 나의 체험을 바탕으로 열등생이 우등생이 되기 위해 필요한 행동 패턴 10가지를 공개한다. 이대로 실행하기만 하면 성적이 달라지리라 확신한다.

첫째, 공부에 대한 자신감을 유지하라. 공부하는 사이사이 합격 수기집이나 자기 계발서 등을 읽으며 자신감을 키워가라. 자신감의 유무는 학습 효율성에 결정적인 영향을 미친다. 자신감을 기르기 위한 독서가 시간 낭비라는 우려가 없지 않았지만 독서가 아니었다면 수시로 밀려오는 슬럼프의 극복은 어려웠을 것이다.

둘째, 공부하면서 자신 있는 과목을 개발하라. 자신감이 학습의 핵심이다. 비교 우위에 있어 다른 사람이 따라올 수 없는 과목을 정하고 그 과목의 실력 배양에 집중하라. 사람들은 자신을 잘 알기가 어렵다. 어느 한 과목에서 뛰어나게 되면 그 과목이 자신의 총체적인 모습인 줄 알고 자신감을 가질 수 있다. 내가 외국어 실력 배양에 매진하는 이유이기도 했다.

셋째, 공부 계획과 패턴을 간단히 하라. 나는 매일의 생활을 세끼 식사 시간을 기준으로 나눴다. 하루를 새벽-오전-오후-야간 4블록으로 구분한 일주일 단위의 계획표를 가지고 다니며 생활했다. 계획이 간단해지니 주어진 블록에 무엇을 해야 할지도 분명해졌고 주말에는 영화 감상, 등산 등을 블록에 넣어 일주일 내내 기대와 활력을 더했다. 식사 시간이 계획의 기준이 되고 주 중에도 보장된 주말의 보상 블록을 생각하니 즐겁기도 하였다. 보상이란 모든 행위를 지속시키는 에너지원이다.

넷째, 공부의 양을 실물 가치로 상상하라. 단어 하나를 외우면 1만 원 가치, 그러니까 하루 100개를 외우면 100만 원을 벌었다고 생각했다. 심지어 시험 준비 기간에는 가능한 장학금 액수를 공부 시간으로 나누어 보며 받게 될 장학금을 시간당 수익금으로 계산하면서 공부한 적도 있다. 세종 대왕이 물시계와 해시계를 만들어 매 순간의 의미를 가치화 하였듯이, 각 노력의 의미를 명확히 하니 집중 효과가 올랐다.

다섯째, 공부 목표 달성의 시뮬레이션을 자주 하라. 천재

테니스 선수 존 매켄로가 윔블던 대회에 처음 승리했을 때 말했다.

"사실은 처음이 아닙니다. 저는 이 장면을 저의 상상 속에서 수천 번 경험하였습니다."

마찬가지였다. 가끔씩 등산을 하거나, 야구 구경을 할 때도 나는 그것을 나의 인생 이야기로 가정하고 실천하고 달성을 확인하면 감격의 눈물을 흘리곤 하였다.

"성공 경험이 부족한가? 상상은 경험보다 더 중요하다."

아인슈타인의 말이다.

여섯째, 공부 목표를 단계별로 설정하고 달성시켜라. 성공처럼 계속되는 경험은 없다고 한다. 처음 학습 목표에 도전할 때는 처음이라 당황도 되겠지만, 한번 경험하고 나면 그것이 길이 되어 쉬워진다. 그런 경험이 세 번 네 번 계속되면 이제는 그것이 성공의 길이라는 확신을 갖게 된다. 아무리 어려운 과목이라 하더라도 목표 달성에 집중할 수가 있게 되는 것이다. F1 자동차 경주를 본 적이 있는가? 성공하는 경주 운전자는 겁에 질려 벽을 보며 운전하는 사람이 아니다. 벽에 부딪힐 위험도 아랑곳하지 않고, 고개를 돌려 오로지 달려갈 트랙만 바라보는 사람이다.

일곱째, 공부의 기본에 집중하라. 나는 참고서보다 교과서에, 교과서보다는 노트에 집중하였다. 결국 복잡한 것은 간단한 것에서부터 비롯되고, 모든 시험 문제는 기본의 응용에서 출제되는 법이다. 이해가 되든 말든 수업 시간에 메모한 노트를 먼저 완전히 학습한 다음에 관련 교재나 참고서를 확인하며 학습하는 전략은 언제나 유효했다. 기본보다 중요한 것은 세상에 없다.

여덟째, 공부의 양을 기록으로 남겨라. 학습의 핵심은 누가 뭐래도 학습 효과의 확신에 있다. 자신이 공부하고 있는 것의 효과나 진척에 대한 확신이 중요하다. 현재 하고 있는 학습에 정말 진척이 있는가라는 의문으로는 학습을 지속하기 어렵다. 학습의 흔적을 남겨야 한다. 공부는 기록을 남기

면서 하라. 공부한 내용을 요약한 자기 나름의 노트, 학습용
으로 적어 본 연습장의 양이 구체적인 학습의 증거가 된다.
매일, 매시간 별도의 노트와 연습장의 목표량을 정해 두자.
기록은 확신의 근거가 된다.

아홉째, 공부를 함께하는 동료들과 세미나를 실시하라. 세
미나 멤버들과의 약속으로 계획했던 학습 진도를 확인하며
진행할 수도 있고 자신이 공부하고 있다는 사실을 확인할
수도 있다. 혼자서 학습하면 단기간은 집중이 더 잘될 수도
있지만 도중에 쉽게 좌절하기도 한다. 장기간 레이스인 학
습에서는 주위로부터의 확인과 인정이 있어야만 지속하기
쉽다. 혼자 가면 멀게 느껴져 걷기 힘든 길도 뜻을 같이하는
사람들과 함께 가면 힘든 고비를 넘기는 데 큰 도움을 얻을
수 있다. 길동무라는 말이 있지 않은가?

열 번째, 공부의 장기적이고 구체적인 목표를 기록하라.
학습 과정은 인생과도 매우 연관이 있다. 그것은 우여곡절

이 많은 마라톤 경기와 같다. 장기적인 목표를 명확하게 가지고 있어야 도중에 하차하지 않고 완주가 가능해진다. 목표는 바뀌더라도 항상 기록으로 남아 있어야 한다. 목표를 기록하면 의식뿐만 아니라 무의식도 실현 가능성을 믿게 된다. 굳센 결심도 기록으로 남기지 않으면 동력을 잃는다. 백번 다짐하는 마음속 언약보다 노트에 적은 희미한 낙서가 더 큰 힘이 될 수 있다.

　특별한 생각과 독특한 방법이 공부의 성과를 좌우한다. 공부에는 왕도가 없다는 말을 곧이곧대로 믿어서는 안 된다. 다른 사람이 장에 간다고 똥통을 지고 장에 가서는 안 된다. 자신의 여건과 환경에 맞는 자신의 길을 찾아야 한다. 자신이 찾은 길은 그 길의 주인을 배반하지 않는다. 다른 사람들이 많이 다녀서 평탄해진 길은 날이 망가진 톱과 같다. 날이 둔해진 톱으로 베어지지 않는 나무를 자르느라 헛수고하지 말라. 날카로운 톱날을 찾아내어 지혜롭게 자신의 학습 운명을 바꾸어 보자.

▶ 공부의 양을 실물 가치로 상상하라. 단어 하나를 외우면 1만 원 가치, 그러니까 하루 100개를 외우면 100만 원을 벌었다고 생각했다.

▶ 자신이 찾은 길은 그 길의 주인을 배반하지 않는다. 다른 사람들이 많이 다녀서 평탄해진 길은 날이 망가진 톱과 같다. 날이 둔해진 톱으로 베어지지 않는 나무를 자르느라 헛수고하지 말라.

특별한 방법이 효율을 좌우한다. 당신만의
공부 방법은 무엇인가?

1.

2.

지금까지 왔던 산들은
아닌가 봐?

"이 산이 아닌가 봐?"

이 한마디에 나폴레옹을 따라서 알프스 등정에 나선 많은 군인들이 실신했다고 한다. 그래도 그를 믿고 끝까지 따라간 나머지 군인들을 쓰러지게 했다는 한마디,

"아까 그 산인가 봐?"

내가 비슷한 말을 하게 될 줄은 정말 몰랐다. 공부를 하다가 사업을 했고, 사업의 정점에 와서는 또 공부로 돌아섰다. 거기에다가, 공부의 끝에서 또 외치게 되었다.

"지금까지 왔던 산들은 아닌가 봐?"

　산 넘고 물 건너 산전수전 다 겪은 후에 비로소 박사 학위
를 받았지만 생각했던 것처럼 만족스럽지는 못했다. 오히
려, '이것 때문에 인생의 중요한 부분을 바쳐야만 했던가?'
라는 회의감이 들기 시작하였다. 하긴 사업에서 꿈을 이루
었을 때도 비슷한 경험을 하였다. '성공은 하였지만, 이것은
내가 찾던 성공이 아니다'라는 생각이 들었던 것이다. 학업
에서도 사업에서도 생각했던 것들을 손에 넣었지만, 그때마
다 마음은 황량하기 그지없었다.

　'이제는 무엇을 어떻게 하면 되나? 이제는 무엇을 손에 넣
으면 되나? 손에 넣어도 또다시 후회하는 것은 아닐까?'

　무엇을 하든 다시는 만족할 수 없을 것 같은 느낌이었다.
무언가 다시 시작하기도 전부터 이런 생각이 들었으니, 이
제는 어떤 일도 선뜻 시작하고 싶지 않았다. 참으로 인생이
허무하게만 느껴졌다.

그런데 그것은 나만의 문제는 아니었다. 내가 박사 학위를 받을 즈음이었던, 새로운 밀레니엄이 시작하기 전인 20세기 말에는 이러한 허무주의가 더욱 널리 퍼져 있었다. 실제로 매스컴에서 사회적으로 성공한 거부들과 석학들이 인생을 비관하고 자살하는 내용이 자주 보도되기도 하였다. 이른바 세기말 현상이었던 것이다.

노력해도 성공해도 만족할 수가 없다. 이런 현실을 받아들이기는 정말 어려웠다. 무엇인가에 다시 도전하고 싶었다. 정말로 성공과 행복을 감지할 수 있는 사람이 되고 싶었고, 그런 방법을 세상에 알려 주고 싶었다. 동기 부여가나 성공학 강사가 되기로 결심하게 된 이유였다.

하지만 스스로 느끼지 못하는 성공의 감정을 어떻게 다른 사람들에게 전할 수 있을까? 과연 그러한 열정을 타인에게 전달할 수 있을 것인가? 우선, 방법을 찾아보기 위해서 유명한 성공학 강사들의 책을 읽고 강의를 듣기 시작했다. 지그 지글러(Zig Ziglar), 앤서니 라빈스(Anthony Robbins), 브라이언 트레이시(Brian Tracy), 잭 캔필드(Jack Canfield), 짐론(Jim Rohn) 등 놀랍게도 그들은 내가 느끼는 문제점도 해결책도 가지고 있었다. 재미있었다. 나는 시간 가는 줄 모른채 그들의 책과 강의 속으로 빨려 들어갔다.

먼저 지그 지글러는 우리가 행복해지는 가장 좋은 방법은 타인을 성공시키는 방법이라고 했다. 앤서니 라빈스는 성공 뒤에 자주 찾아오는 '이게 다인가?'라는 질문은 더 의미 있는 성공을 찾아가는 좋은 도구라고 했다. 다만, 질문을 조금 바꾸어 '지금보다도 더 행복하려면 무엇을 조금만 더 하면 되나?' 형태로 묻게 되면 행복하면서도 긍정적이 될 수 있다고 했다.

과연 그랬다. 그런 형태의 질문을 하면 할수록 현재의 행복함을 인정하게 되며, 그보다 더 행복해지는 것도 어렵지 않다는 것을 느낄 수 있었다. 그가 주장하는 것처럼, 우리에게는 생각이 중요하며 그 생각은 다름 아닌 우리가 스스로에게 묻고 대답하는 형태일 뿐이다. 특히, 어떤 형태로 묻느냐가 우리의 대답도 느낌도 운명도 결정하는 것이다.

그뿐이 아니었다. 브라이언 트레이시는 "우리 자신은 승리자도 실패자도 아닌 선택자"임을 "노력의 결과가 NO일 때는, 반드시 더 나은 YES가 기다리고 있다"는 사실을, 그리고 "우리들의 무의식은 의식보다 3만 배는 강력하니 중요한 고민은 우리의 무의식에 맡기라"는 지혜를 배울 수 있었다. 또한, 잭 캔필드를 통해서는 "스스로를 받아들이고 타인을 생각하는 마음을 가지면 진정한 자유를 느낄 수 있음"을 확인할 수도 있었다.

이들의 메시지를 공부하면서 성공은 단순히 물질적인 것이 아님을 알 수 있었다. 그리고 남을 돕고 사회를 위하는 것이 진정한 행복을 가져올 수 있는 길이라는 것도 알게 되었다. 이들이 주는 메시지에 내 생각과 경험과 비전을 합하여 사람들에게 전했고, 사람들은 자연스럽게 나를 동기 부여 강사로 인정하기 시작하였다.

　대학교는 물론 산업체와 관공서를 다니며 "누구나 생각을 바꾸면 꿈을 이룰 수 있다"라는 메시지를 가지고 강연을 하게 되었다. 강연이 끝나면, 강연 내용에 감명을 받은 사람으로부터 자주 초대를 받기도 했다. 그만큼 유익했다는 뜻일 것이다. 강연을 통해서 성공하며 만족할 수 있는 길이 너무나 가까이에 있었음을 알게 되었던 것이다.

　하지만 나는 가슴속 깊은 곳까지 성공한 사람은 아니었다. 자신이 원하는 일을 하면서도 낭패감을 느끼거나 자주 좌절했기 때문이다. 어쩌면 누구나 겪고 있는 일일지도 모른다. 어찌 이 세상에 완벽한 결과와 완벽한 만족이 있을 수 있겠는가? 그래서 '성공은 결과가 아니라 과정이다'라 하지 않는가? 그만큼 사람들은 성공한 후에도 완전히 만족하기는 힘들 것이라는 뜻이리라.

　좌절의 원인은 무엇이며 어떻게 하면 만족하는 인생을 보낼 수 있을까? 무리하게 경쟁해서 성공하고 난 다음에 '이게 다인가?'라고 후회하는 것보다는 실패하더라도 그때까지의 경험에 보람을 느끼는 그런 일이 더 의미가 있지 않을까? 무엇을 하더라도 하고 나서 후회하지 않고 한 만큼 보람을 느끼는 일을 하고 싶었다. 지금 당장 죽는다 해도 후회하지 않을 그런 일이 있을 것 같았다. 반드시 그런 일을 찾고 싶었다.

내가 자신을 가지고 있고, 하고 나서도 후회하지 않을 일이 있을까? 솔직히 나도 나의 미래가 보이지 않을 때가 많지만, 어리석었던 과거는 잘 기억하고 있다. 그러기에 나 같이 바보스러운 젊은 시절을 보내지 않도록 안내하는 것은 확실히 할 수 있을 것 같았다. 비록 성적 향상 이외에는 관심을 잘 보이지 않는 요즘의 청소년들이지만, 그들의 귀중한 시절을 나처럼 헤매지는 않도록 나의 경험을 전하는 것이다. '청소년 전문 동기 부여가!'

2010년 초, 이때부터 나는 또다시 새롭고 의미 있는 길을 가기 시작했다.

▶ 정말로 성공과 행복을 감지할 수 있는 사람이 되고 싶었고, 그런 방법을 세상에 알려 주고 싶었다. 동기 부여가나 성공학 강사가 되기로 결심하게 된 이유였다.

▶ 앤서니 라빈스는 성공 뒤에 자주 찾아오는 '이게 다인가?'라는 질문은 더 의미 있는 성공을 찾아가는 좋은 도구라고 했다. 다만, 질문을 조금 바꾸어 '지금보다도 더 행복하려면 무엇을 조금만 더 하면 되나?' 형태로 묻게 되면 행복하면서도 긍정적이 될 수 있다고 했다.

Key Point   생각은 스스로에게 묻고 답하는 과정이다.
당신이 습관적으로 하는 질문은 무엇인가?

My Action

1.

2.

어느덧 알려진 동기 부여가로서의 활동에 익숙해졌다. 특히 청소년들에게 꿈을 찾도록 도와주는 일은 보람되고 즐거운 일이었다. 왜냐하면 그들이 인생의 의미를 알도록 안내해 주고, 나처럼 하고 싶은 일을 하거나 꿈을 이루기 위해 정열적이고도 즐겁게 생활하게끔 돕는 것이기 때문이다. 청소년 동기 부여 강연을 하루 종일 할 때도 지치기는커녕 오히려 기운이 솟아났다. 매일매일이 의미 있고 신나는 나날이었다.

하지만 여기에서도 예상하지 못했던 문제들이 생겨났다. 너무 많은 강연을 해서인지 목소리가 쉬기도 했고, 준비할 시간이 충분하지 않아서였는지 거의 내용이 같은 강연을 반복하는 것이었다. 자칫하면 더 이상의 발전을 기대하기가 힘들 것 같았다. 무엇보다도 청중에게 줄 수 있는 귀중한 무엇인가를 내 속에 개발해 두어야 할 것 같았다.

동기 부여 강연에 의문이 생겼다. 자신감만 있으면 인생의 문제도 해결할 수 있고 어려움도 극복할 수 있다고 강연을 하고 있었지만, 나는 과연 자신감이 있는가 하는 생각 때문에 고민하게 되었다. 사실 그때까지 자신감 하나에 의지하며 인생을 버텨 왔지만, 자신감도 환경이나 상황에 따라서 바뀌는 것을 인정할 수밖에 없었다.

흔들리지 않는 자신감! 이것을 가지기 위해서는 마음먹기만으로는 되지 않았다. 객관적으로 인정받을 수 있는 뭔가가 있어야 했다. 하지만 오래전에 접었던 사업에서는 남은 돈이 없었고, 박사 과정에서 익혔던 컴퓨터 기술들은 이미 빠른 속도로 바뀌고 있었다. 청중들에게 줄 수 있는 뭔가가 없다는 생각이 나를 괴롭혔다. 그렇다면 청중들 앞에서 자신감을 가져야 된다는 강연의 메시지가 얼마나 공감을 줄 수 있을지 자신이 없어졌다.

이미 늦었다고 생각되었지만 포기할 수는 없었다. 누구에게나 필요한 것을 제공할 수 있는 실력 있는 강사가 되기 위한 객관적인 무엇인가가 있어야 한다는 고민은 계속되었다. 이것은 좋은 현상이었다. 그동안의 경험에 의하면 너무 기쁘기만 했을 때는 어려움이, 문제가 있어 고민하기 시작할 때는 해결책이 나오곤 하였기 때문이다.

나는 그 해결책을 나의 청중들에게서 찾아보았다. 대부분 중고등학생이었던 그들에게 학과 공부는 피해 갈 수 없는 현실적인 난제인 동시에 일상의 목표였다. 그중에서도 영어는 더욱 그랬다. 영어 과목에 대한 학습 방법들은 나의 자기 계발 강의를 통해 자연스럽게 접근할 수 있었다. 강연을 통해 그들에게 전달한 중요 메시지가 대부분 영어로 되어 있기 때문이다. 예를 들면, 지금 이 순간의 중요성을 설명하기 위해 이렇게 했다. "Yesterday is history, tomorrow is a mystery, and today is God's gift. That's why we call it 'the present'(어제는 역사, 내일은 수수께끼, 오늘은 신의 선물이다. 그래서 오늘을 '선물'이라 부른다)."

능력이 부족해도 어쩔 수 없지 않은가?

'새로 만들어 가자. 잘하지는 못하지만, 중학교 때부터 지금까지 하고 있는 영어 공부를 다시 해 보자. 지금부터 확실한 실력을 쌓아서, 그 지식을 청중들에게 나누어 주자.'

그래서 내 자신감도 키우고 학생들로 하여금 영어에 쉽게 접근하도록 하여 영어에 익숙해지도록 한다면 이보다 더 좋을 수가 없다. 그러나 결코 쉬운 일은 아니었다. 마흔이 되도록 문법과 독해만 공부했지 영어로 말하는 것은 엄두도 못 냈다. 그런데 이제 와서 영어 말하기를 배운다는 것이 쉽겠는가? 아무리 생각해도 현실적이지 못했다. 혀도 뇌도 굳어 있었다. 그렇다고 대학교수라는 생업을 놔두고 외국으로 나가서 배울 수도 없는 노릇이었다.

언어는 그 나라에 가서 그 나라 사람들에게 배우는 게 최고라고들 한다. 그러나 영어를 배우기 위해 아무나 외국에 갈 수 있는 것은 아니다. 나도 마찬가지였다. 그런데 뜻이 있는 곳에 길이 있기 마련이다. 마침 우리나라에도 DVD 시대가 열리고 있었다.

'그래, DVD 영화를 통해 외국 생활을 간접 경험하면서 외국어를 배우자.'

만화로 일본어도 배웠는데 영어로 말하는 것을 DVD로 배우지 못할 이유가 없다고 생각했다. 이때부터 하루 평균 3편씩 7년간 DVD 7,000개를 보았다. 처음에는 영어 자막을 띄워 놓고 모르는 단어가 나오면 사전을 찾아 가며 보았으나, 나중에는 자막 없이도 거의 이해가 되는 수준이 되었다. 그러나 사실 영어 공부의 시작은 그 이전에 체육관에서 시작되었다. 러닝머신 위를 걸으며 CNN 뉴스를 보기 시작했던 것이다. 이에 대해선 다음 장에서 보다 구체적으로 설명하겠다.

DVD로 영어를 공부하는 것은 새로운 여행이었다. 책과는 다르게 화면과 음성은 물론 이제 내용까지 글자로 읽어 볼 수가 있었다. 일주일에 한 권도 제대로 읽어 보지 못하던 책과는 다르게, 열심히 노력하면 같은 기간에 20편도 볼 수가 있었다. DVD로 영화를 볼 땐 책을 읽을 때와 마찬가지로 때로는 화면을 정지시키고 생각에 잠길 수도 있고, 필요에 따라서는 지나간 이야기를 다시 볼 수도 있었다.

DVD 영어 학습법은 충격적이었다. 영화와 세상이 다르게 보였다. 처음에 007 시리즈를 DVD로 보며 학습했을 때는 얼마나 실감 나게 보았는지, 길을 가다가 제임스 본드를 만날 것 같은 긴장감이 들 정도였다. 영화 〈검투사〉에서 로마의 전쟁 영웅 막시무스가 "지금 우리가 하는 일은 영원토록 알려질 것이다"라고 외칠 때는 그 장면이 영원토록 내 기억에 남을 것 같은 착각이 들기도 하였다.

영화를 좋아하는 나에게는 이보다 흥미 있는 학습 방법은 없었다. 재미있게 DVD 영화를 보는 동안 많은 변화가 있었다. 영어 능력 향상뿐만이 아니라 그들의 문화와 생활을 잘 이해할 수 있었다. 빠르게 영어에 자신감이 생기자 동기 부여 강의에도 영어를 많이 이용하게 되었을 뿐 아니라 차츰 외국인 친구들도 자연스럽게 만나게 되었으며 그들과 이메일 교환도 수시로 하게 되었다. 그들의 파티에도 자연스럽게 초대되었을 뿐 아니라 최근에는 그들의 결혼식에 초대되어 영어로 주례를 하기까지 했다.

'학문에는 왕도가 없다'는 말은 이제 오래된 격언이다. 갈 수 있는 길도 많고 교통수단도 다양해진 오늘날에는 자신에게 알맞은 방법을 찾는 지혜가 필요하다. 학습해야 할 과목이 많고 그 방법을 선택할 수 있는 오늘날에는 자신에게 맞는 특별한 공부 방법을 찾아내기만 한다면 얼마든지 왕도를 걸어갈 수 있다. 무턱대고 열심히, 지칠 때까지 노력하기보다는 흥미 있고 효율적인 학습 방법을 찾아가야 한다.

▶ 누구에게나 필요한 것을 제공할 수 있는 실력 있는 강사가 되기 위한 객관적인 무엇인가가 있어야 한다는 고민은 계속되었다.

▶ DVD 영화를 보는 동안 많은 변화가 있었다. 영어 능력 향상뿐만이 아니라 그들의 문화와 생활을 잘 이해할 수 있었다.

당신의 성격에 맞는 방향, 체질에 맞는 학
습법은 무엇인가?

1.

2.

러닝머신 위에서 만난
영어

일요일만 되면 우리 삼 형제는 한데 모여 영어 시험을 보았다. 고등학교 2학년이었던 큰형, 중학교 3학년이었던 작은형과 이제 겨우 중학교 1학년이었던 나는 같은 문제로 시험을 보았다. 감독관은 아버지, 주어진 시간은 1시간. 시험 문제는 새로 익힌 단어를 100개씩 적는 것이었다.

상벌도 분명했고, 승패도 항상 확실했다. '칭찬' 아니면 '종아리 맞기'였다. 벌로 종아리를 맞아야 하는 회초리 대 수를 내는 공식이 있었다. '100 - 새로 익힌 단어 수 = 회초리 대수'로 말할 것도 없이 아버지가 정하신 규칙이었다. 믿어지지 않겠지만 승자는 항상 중학교 1학년이던 나였다.

　나의 답은 항상 일정했다. 망설일 것도 없이 그냥 1부터 100까지 영어로 적는 것이었다. 그것도, one, two, three, … ten, one-one, one-two, … two-zero, two-one, two-two, … nine-nine, one-zero-zero. eleven, twenty, hundred처럼 제대로 된 단어가 아닌 zero, one, two의 조합으로 만든 '중글리시(중학교 1학년 영어)'였다. 항상 형들보다 먼저 답안지를 냈고, 형들보다 먼저 답안지를 내는 나에게 아버지는 칭찬을 아끼지 않으셨다.
　"그래, 영어는 막내가 젤 잘한다."

　막내아들에 대한 아버지의 칭찬이 끝날 때까지도 형들은 답안지를 들고 전전긍긍하였다. 주어진 1시간이 다 되어도 절반도 못 적고 있었다. 열심히 외웠다고 그 단어가 전부 기억나는 건 아니었기 때문이다. 머리를 끌쩍이며 답안지를 제출한 형들은 지난주와 같은 단어를 다시 적었다며 혼나기가 일쑤였다. 오후가 되면 형들은 어김없이 적어 내지 못한 단어 개수만큼 회초리를 맞아야 했다.

그때까지만 해도 영어만은 내가 재능이 있는 줄 알았다. 착각이었다. 아버지는 중학교 1학년이었던 나를 예외로 봐 주셨던 것이다. 아무것이나 적어 내면 무조건 기특하게 생각해 주신 것이다. 그러나 형들에게는 엄격하셨다. 새롭게 공부한 단어만을 적어 내도록 요구하셨던 것이다.

이것이 학교에서는 통하지 않았다. 영어는 어려웠다. 보고 또 보아도 헷갈리는 게 영어였고, 해도 해도 오르지 않는 것이 영어 성적이었다. 열심히 했지만 좋지 않았던 성적은 내 청소년 시절의 미스터리였다. 그 핵심에 어쩌면 영어가 있었을지도 모르겠다. 다른 과목과 다르게 열심히만 하면 되는 것이 어학이지 않은가? 어쩌면, 일요일마다 만점을 받아 아버지로부터 칭찬을 받던 영어 실력에 너무 자만했던 결과 이었는지도 모를 일이었다.

중고등학교를 졸업하고 난 뒤에도 영어는 나를 따라다니며 괴롭혔다. 전공인 컴퓨터를 시작하고 알게 된 것은 전공 용어와 전공 서적이 모두 영어로 되어 있다는 사실이다. 열심히 했음에도 학사 경고를 받은 것도 기본이 안 된 영어 실력 때문이었을 것이다. 그러나 아이러니하게도 내 인생의 돌파구를 제공한 것도 영어였음을 부인할 수는 없다.

영어로 전공 원서와 정면 승부하면서 모든 것이 달라졌다. 그냥 읽고 또 읽었다. 이해가 안 돼도 여러 번 읽다 보면 의미도 알게 되고 내용도 기억하게 되었기 때문이다. 영문 독해 능력이 문제가 되지 않았다. 열 번이고 스무 번이고 이해될 때까지 읽었다. 반복으로 문리가 트이는 서당식 학습법이었다. 그런 사정을 모르는 친구들은 내가 영어만은 잘한다고들 했다. 막힘없이 긴 문장을 이해하고 설명도 하는 나를 친구들은 부러워했다.

하지만 나는 영어에도 별 재능이 없었다. 단어와 문법은 조금 이해가 되었지만, 그들이 하는 말은 도무지 알 길이 없었다. 테이프도 수없이 듣고 원어민을 만나기도 했지만 뚜렷한 진척이 없었다. 집에서는 틈날 때마다 CNN을 들었지만, 그야말로 수면제나 다름없었다. 노력은 할 만큼 했고, 나이는 들 만큼 들었고, 영어 듣기는 더 이상 늘지 않았다.

그러던 어느 날 모처럼 찾은 체육관에서 영어 듣기의 해결책을 발견했다. 늘씬한 여인이 러닝머신 위에서 땀을 뻘뻘 흘리며 TV 방송을 보고 있었다. 운동을 하면서 드라마를 보고 있었던 것이다. 바로 이거구나! 러닝머신을 달리면서 CNN을 보면 되는 것. 일단 잠을 잘 수 없으니 집중할 수밖에 없을 테고 건강까지 챙기면서 영어 공부를 할 수 있었다. 이거야말로 일석삼조였다.

처음에는 그림만 보아도 좋았다. CNN 뉴스는 빠르고 현장감도 넘쳤다. 2010년 아이티 대지진 때의 CNN 대표 앵커인 앤더슨 쿠퍼는 취재하는 바로 옆에서 한 아이가 벽돌에 맞아 넘어지자, 카메라도 마이크도 다 던져 버리고 아이를 구하러 가는 장면이 그대로 화면에 보이는 등 지금까지 보아 왔던 뉴스와는 달랐다.

또한, CNN의 주요 뉴스는 몇 번씩이나 반복되어 나오기 때문에 듣기 능력이 부족한 나에게는 안성맞춤의 교재가 되었다. 특히, 북한의 핵 실험과 같은 관심 있는 뉴스가 나올 때면 내용이 더 잘 이해되는 것은 물론 누구보다도 빠른 정보를 알게 된다는 생각에 뿌듯하기조차 했다.

얼마나 지났을까? 앵커의 이야기가 주제에 관계없이 귀에 들어오기 시작했다. 땀을 흘리며 러닝머신에서 드라마를 보던 늘씬한 여인의 기억이 희미해질 무렵이었으니 상당한 시간이 흐른 뒤였을 것이다. 대부분의 CNN 뉴스가 들리기 시작했다. 수십 년 고민하던 영어 듣기가 이렇게 해결되다니?

그것은 놀랍고도 기적 같은 일이었다. 그로부터 상당 기간 매일 새벽 두 시간씩 러닝머신에서 CNN을 보았다.

지금 생각해도 재밌고도 효율적인 듣기 학습법이었다. 얼마나 좋았던지 새벽 시간은 물론 오후에도 러닝머신에서 CNN과 함께 두 시간씩 더 하기도 했다. 몸도 몰라보게 건강해지고 마음도 영어에 대한 자신감으로 넘쳤던 그때의 기억이 지금도 생생하다.

영문을 몰랐던 체육관 관장은 내가 심각한 운동중독이라며 걱정을 하기도 했지만, 나는 그 어렵다는 CNN 뉴스 정도를 아무런 어려움 없이 동시통역할 정도의 수준이 되었다. 듣는 것이 해결되니 그 다음엔 입이 열리기 시작했다. 나도 모르는 사이 영어로 말하기 시작했던 것이다. 귀가 열리면 입도 열린다고 하지 않는가. 아이들이 태어나서 언어를 배우는 것과 꼭 같은 원리이다. 들리기만 하면 말하는 것은 따라오게 되어 있다. 영어 조기 교육이 무슨 필요가 있는가? 방법과 상황을 달리하면 영어 능력은 언제라도 기를 수 있지 않는가?

걸으면서 공부하는 이 학습법은 2,000년 전에 이미 그 효율성이 증명되었을지 모른다. 고대 그리스 철학가 소크라테스와 플라톤과 같은 사람들이 그들이다. 그들은 공부할 때면 언제나 걸었다고 하여 소요학파라고 하지 않는가. 영어라면 자신이 없고 아무리 용을 써도 들리지 않는 사람이 있는가? 영어만 들으면 잠이 드는 사람이 있는가? 그렇다면 러닝머신 CNN 학습법을 사용해 보라.

'100 - 새로 익힌 단어 수 = 회초리 대 수'였던 아버지의 공식을 one, two, three, … ten, one-one, one-two로 피하던 나였다. CNN 뉴스를 통해 세계의 풍향을 읽고 한반도의 정세를 걱정하게 되었으니 어찌 스스로 놀랍고 자랑스럽지 않았겠는가? 영어책만 들면 잠이 쏟아지는 사람이 있는가? 영어듣기는 도저히 넘을 수 없는 벽이라 생각되는가? 러닝머신에서 CNN을 만나라.

▶ 열 번이고 스무 번이고 이해될 때까지 읽었다. 반복으로 문리가 트이는 서당식 학습법이었다.

▶ 영어책만 들면 잠이 쏟아지는 사람이 있는가? 영어 듣기는 도저히 넘을 수 없는 벽이라 생각되는가? 러닝머신에서 CNN을 만나라.

어학은 오랜 시간이 걸리는 학문이다. 당
신만의 해결 비법은 무엇인가?

1.

2.

GREAT
인생 설계도 만들기

이 책을 읽는 독자들의 공통된 바람은 자신의 인생을 좀 더 'GREAT'하게 만들고자 하는 것이라 생각된다. GREAT 인생은 독자뿐만 아니라 모든 사람이 바라는 것이 아닐까? 모두가 원하는 GREAT 인생을 함께 찾고자 하는 것이 바로 이 책의 목적이기도 하다. 그러나 문제는 대부분의 사람들이 그 방법을 모르고 경험해 본 적도 없다는 데에 있다. 실제로 많은 인생 안내서 저자들이 스스로 경험한 적도 없는 내용을 추상적으로 어물어물 서술하고 있는 것이 현실이다.

마치 장님이 코끼리를 설명하는 것과 같이 말이다.

다행히 나의 인생에서는 열악했던 상황이 GREAT하게 바뀐 적이 몇 번이나 있었다. 학업, 사업, 인생에서도 마찬가지였다. 놀랍게도 상황은 달랐지만 그 방법은 간단했으며 동일했다. 최근에는 내가 나의 인생을 GREAT하게 만든 방법을 청소년들에게 설명하고 그 방법대로 그들의 인생 설계도를 그려 보도록 안내하고 있다. 이 책을 읽는 독자 여러분들의 인생 설계도도 이제 한번 그려 보도록 하자. GREAT하게.

우리가 만들어 볼 인생 설계도의 의미이며 이름인 GREAT 은 Goal oriented(목표 중심), Reason oriented(이유 중심), English oriented(영어 중심), Action oriented(행동 중심), 그리고 Thanks oriented(감사 중심)의 머리글자에서 따온 것이다. 나의 인생 설계도 만들기는 이 다섯 가지의 사항을 명심하고 구체적으로 실행해 간다면 학습과 사업뿐만 아니라 인생의 어떠한 문제도 빠르고 확실하게 해결할 수 있도록 도

울 것이므로 이제 직접 기록하면서 GREAT한 인생을 설계
해 보자.

"목표가 없는 사람은 방향키가 없는 배와 같다(A man
without a goal is like a ship without a rudder)." - 토머스 칼
라일(Thomas Carlyle)

먼저, 우리는 목표 중심(Goal oriented)이 되어야 한다. 과
녁이 어디 있는지 모르는 명포수보다는 확실히 알고 있는 초
보자가 과녁에 명중시킬 확률이 높다. 많은 학생들이 자신이
원하는 것이 무엇인지를 모르고 있는 경우가 많다. 심지어 원
하는 대학과 전공도 자신 있게 말하지 못하는 학생이 꽤나 있
다. 그저 성적이 나오는 만큼 더 나은 학교나 전공을 택하려
는 경우가 많다. 이래서는 만족이 있을 수 없다. 먼저 자신이
원하고 꿈꾸는 바가 무엇인지를 분명히 해야 한다.

원하는 것이 무엇인지 알기 위해서는 그것을 하나하나 기

록할 수 있는지를 보면 된다. 많은 사람들이 원하는 것이 있다고 생각하고 있으나 막상 적으라고 하면 아무것도 적지 못하는 경우를 볼 수 있다. 당신은 적을 수 있는가? 있다면 당신은 꿈을 이룰 확률이 상당히 높다. 성공학자 브라이언 트레이시에 의하면 성공할 확률이 높은 상위 3% 안에 든다. 없다면 지금이라도 적을 수 있도록 노력해야 한다.

목표를 적으면 얻는 것이 많다. 우선, 성취의 확신을 더 가질 수 있다. 적어 놓은 목표를 보면 우리의 의식은 물론 무의식도 그 가능성을 더 믿게 된다. 적은 목표는 적지 않은 결심보다 더 강하다. 새해 초의 결심을 기억하고 있는가? 대부분의 사람들이 결심했다는 사실은 기억하고 있지만 그 결심의 내용은 잊어버린다. 반면에 기록은 어떠한가. 공부 시간에 옆에 있던 친구와 이야기를 낙서로 해 본 적이 있는가? 한참 뒤에 그 낙서를 보고 그때의 상황을 쉽게 기억하는 경우가 많았을 것이다.

희미한 낙서가 굳센 결심보다 오래간다. 희미한 낙서가 생각이나 말로 맹세한 것보다 우리 인생에 더 큰 영향을 끼치게 되는 것이다. 그러므로 우리는 목표를 이룰 가능성을 쉽게 높일 수 있다. 그것은 굳게 결심하기 전에 먼저 그것을 기록하는 것이다. 당신의 인생 목표는 무엇인가? 올해 안에 이루어야 할 것이 무엇인가? 이번 달 안에 해결할 일이 무엇인가? 분명히 기록하자. 이 장의 마지막에 게재된 인생 설계도의 목표(G)란에 그것을 분명히 기록하자. 남들을 의식하지 말고, 진실로 원하는 것을 적자. 어떻게 이루어지는지는 나중에 생각할 일이다. 일단 진정으로 원하는 것을 적자.

"이유가 먼저 오고, 결과는 다음에 온다(Reasons come first, answers come second)." - 짐 론(Jim Rohn)

둘째, 우리는 이유 중심(Reason oriented)이 되어야 한다. 목표가 있다고, 그것이 분명하다고, 모두 다 이루어지는 것은 아닐 것이다. 왜냐하면 그것의 성취가 어려울 수 있기 때문이다. 누구나 원하는 것이 분명히 있고 그것을 목표로 할수는 있지만 도중의 어려움을 끝까지 해결하는가가 문제이다. 실제로 많은 사람들이 그 과정에서 포기를 한다. 하지만, 어려움이 있어도 끝까지 가는 사람이 있다. 그들에게는 목표를 이루어야 하는 분명한 이유가 있기 때문에 끝까지 인내하면서 난관을 극복해 가는 것이다.

내가 진행하는 GREAT 인생 설계도 작성 과정에서 있었던 일이다. 한 고등학생이 자신은 9급 공무원이 되는 것이 목표라고 적었다. 좋지만 너무 소박한 목표였다. 목표는 자신이 진정으로 원하는 것이어야 한다. 그런데, 그 학생이 적은 이유를 보고 이해할 수 있었다.

"저는 어릴 때부터 일 년에 서너 번은 이사를 다녀야 했어요. 아빠 사업이 잘 안돼서요. 그래서 저는 이사 다니지 않아도 되는 공무원이 되어서 저의 아이들을 안정되게 키우고 부모님도 걱정하시지 않게 하고 싶어요."

이런 학생은 공무원이 될 분명한 이유가 있기 때문에 그 꿈을 분명히 이룰 수 있으리라 확신한다.

"새로운 언어는 새로운 삶의 비전이다(A different language is a different vision of life)." - 페데리코 펠리니 (Federico Fellini)

셋째, 우리는 영어 중심(English oriented)이 되어야 한다. 이것은 애국심과 아무런 관계가 없다. 도리어 개인과 나라를 지켜 내는 큰 힘이 될 것이다. 십여 년 전 아시아를 휩쓴 IMF 시대의 어려움도 영어를 사용하는 싱가포르, 필리핀, 홍콩 등은 겪지 않았다. 영어는 학교의 성적은 물론 직장 생활에서도 중요한 항목이 되었다. 특히, 젊은 사람들의 무대는 이제 한반도가 아니고 세계임이 분명하므로 세계인의 언어에 능통해야 한다. 좋든 싫든 영어는 만국 공통어가 된 지 오래임을 잊어서는 안 된다. 영어와 같은 어학 능력은 하루 아침에 바뀌지 않는다. 그러므로 인생에서와 같이 분명한 목표와 참고 나아가야 하는 이유가 있어야 한다. 당신의 영어 학습의 목표와 그것을 성취할 이유를 적어 보라. 적으면 이루어진다.

"행동은 성공의 기본 열쇠다(Action is the foundational key to success)." - 파블로 피카소(Pablo Picasso)

넷째, 우리는 행동 중심(Action oriented)이 되어야 한다. 다음 주에 시험이 있다고 가정해 보자. 이번에 몇 등 하는 것이 목표고, 그렇게 해야 하는 이유가 있으면 좋을 것이다. 특히, 영어를 중심으로 성적을 올리는 것도 좋은 방법이다. 하지만, 이런 목표, 이유, 영어 계획보다 중요한 것이 있다. 그것은 공부를 행동으로 옮기는 실천이다. 실제로 어떤 사람에게 얼마나 능력이 있는가보다는 행동하는가에 성공이 달려 있다고 해도 과언이 아니다. 나아가 과감하게 행동을 하기 위해서는 구체적이고 확실한 결정이 필요하다. 생각 없는 행동이 의미 없는 결과를 낳을 수도 있기 때문이다. 확실한 결정을 하는 습관을 시작해 보자. 행동(A)란에 당신이 오늘, 이번 주, 이달, 올해에 해야 할 행동을 구체적으로 하나씩 적어 보자. 과감한 행동을 하는 것이 쉬워지지 않는가? Do it now!

"우리는 생각하는 대로 된다(We become what we think)."
- 부처

마지막으로, 우리는 감사 중심(Thanks oriented)이 되어야한다. 어떤 일을 이루고 난 다음에 고맙거나 행복한 마음이들지 않는다면 아무런 의미가 없을 것이다. 그전에 우리는목표를 위한 수행 과정에서도 감사를 해야 한다. 눈앞에 싱싱한 레몬이 있다고 상상해 보라. 그것을 칼로 자른다고 생각해 보라. 신 물이 튀고 향기가 감돌지 않는가? 방금 상상속에 잘려진 한 토막의 레몬을 혓바닥 위에 올려 보라. 실제로는 레몬이 없지만 침이 흐르지 않는가? 우리가 생각하는대로 신체가 반응하듯 인생 또한 그와 같이 변해 가기 때문이다. 불평스러운 미래는 불평하는 사람을 기다리고 감사할 만한 미래는 감사하는 사람을 찾아온다는 사실을 잊지 말자. 우선 현재에 감사하고 작은 일에 감사하자. 오늘 일어난 일 중에 감사한 일을 한 가지만이라도 종이에 적어 보자.

이제 GREAT 인생을 위한 다섯 가지 사항을 생각하고 적어 보라. 성공이 분명해지고 더 확실해진 느낌이 들지 않는가? 이 과정을 정기적으로 반복하면 반드시 설계한 미래가 이루어지리라 확신한다. 어릴 적부터 공부를 못한 나의 목표(Goal)는 선생이었고, 그 이유(Reason)는 나 같이 공부 못하는 학생을 돕고 싶었기 때문이다. 특별한 재능이 없었던 내가 가장 먼저 효과를 본 것은 그래도 노력만 하면 누구나 된다는 영어(English)였다. 머리에 자신이 없었던 나는 망설이지 않고 공부(Action)에 몰두했다. 그리고 나 같은 둔재가 공부를 할 수 있고 사업을 할 수 있다는 것에 감사(Thanks)했다. 그래서 사업도 몇 차례나 계속할 수 있었고, 아직도 학교에 근무하고 있지 아니한가. 당신도 GREAT 인생 설계도를 만들어 보라.

▶ 나의 인생에서는 열악했던 상황이 GREAT하게 바뀐 적이 몇 번이나 있었다. 학업, 사업, 인생에서도 마찬가지였다. 놀랍게도 상황은 달랐지만 그 방법은 간단했으며 동일했다.

▶ GREAT은 Goal oriented(목표 중심), Reason oriented(이유 중심), English oriented(영어 중심), Action oriented(행동 중심), 그리고 Thanks oriented(감사 중심)의 머리글자에서 따온 것이다.

당신의 GREAT 인생 설계도를 만들어 보
자. 다음 각각을 적어 보자.

1. Goals(인생, 올해, 이번 달)

2. Reasons(각 목표의 이유)

3. English(영어 능력 목표와 이유)

4. Action(오늘, 이번 주, 이번 달, 올해에 할)

5. Thanks(지금 인생이 행복한 이유)

잘하는
일과
좋아하는
일

무작정 시작한 일들이 많다. 주위에서 권하여, 모두 다 하니까, 잘되는 것 같아서, 부러워하니까 등 이유가 많다. 하지만, 이루고도 만족하지 못하는 경우엔 어떻게 해야 하나? 인생은 길다. 지금까지의 경험을 바탕으로 진정으로 원하고 해야만 하는 일을 시작해 보자.

재화를 넘어서, 명예를 넘어서, 편안함을 넘어서, 반드시 해야만 하는 일이 있다. 결과와 관계없이 한 만큼 보람을 느끼게 되는 일. 그런 일을 찾는 방법과 실행하는 즐거움을 찾아가 보자.

이런 시대에
천직이라니?

최근 대학생들의 가장 큰 고민은 취업이다. 취업을 염두에 두고 입학하고, 취업을 준비하면서 대학 생활을 보낸다. 취업 보장도가, 적성이나 성취하고 싶은 삶의 보람보다 대학이나 전공의 선택 기준이 되었다. 대학은 이제 더 이상 낭만의 장소이거나 상아탑이 아니다. 전국의 대학이 마치 커다란 취업 안내소, 아니면 직업 훈련원이 된 느낌이다.

어찌 보면 이러한 현상은 우리나라만의 문제가 아닐지도

모른다. 선진국에서도 심각한 취업난 때문에 대학 졸업 후의 취업이 훨씬 어려워진 것이 사실이다. 유명 대학의 인기 있는 학과를 졸업한다 해도 과거와는 달리 취업이 보장되지 않는다. 선진 영어권 나라의 우수 대학 인기 학과를 졸업한 젊은이들이 원어민 강사 자리를 위해 우리나라로 몰려드는 이유도 여기에 있다.

그들은 이제 어떤 대학에서 어떤 전공을 하든 취업은 보장되지 않는다고 이구동성으로 말한다. 또한 같은 전공을 해도 취업이 되는 사람과 되지 않는 사람이 있는가 하면 취업한 사람들 사이에도 연봉의 차이에 따라 사회의 인식이나 주변의 대우가 전혀 다르다고 한다. 그러니, 소위 일류 대학의 유명 학과에 입학했다 해도 졸업 후의 안정된 취업을 위해서는 재학 중에 엄청난 노력을 하지 않을 수 없다는 것이다.

그렇다고 취업이 모든 것을 해결해 주지도 않는다. 취업을 하고 나서도 어려움이 따른다. 한 번 직장을 정하면 평생을 그곳에서 일했던 지금까지의 직업 문화와는 다르다. 미래 학자들에 의하면 오늘날 대학을 졸업하는 젊은이들은 정년퇴직할 때까지 평균 8~10개의 직장과 2~3개의 완전히 다른 직종을 경험하게 될 것이라고 한다. 생존을 위해서 새로운 직업을 찾으며 평생 동안 노력을 기울이지 않으면 안 되는 세상이 된 것이다.

이런 세상에서 천직이라니? 도대체 무슨 이야기냐고? 이런 무한 경쟁 시대에 자신이 진정으로 원하는 직업을 찾는다는 것은 현실적으로 지극히 어렵다. 그러나 아무리 현실이 그러하다 할지라도, 자신이 원하는 삶을 살지 않고서는 후회하지 않는 자기 인생을 찾기가 어렵다. 생계를 위해 취업한 직장에서의 시간은 금방 지나가고 삶의 의미를 찾아야 하는 시기가 곧바로 오기 때문이다.

대학생들 사이에 인기 있는 직장군의 취업 연령 통계치를 보면 여학생은 25살, 남학생의 경우는 30살 내외이다. 입사

후 몇 년 동안은 자신이 속한 부서의 업무를 익혀야 하는 기간임을 고려한다면 적어도 35살까지는 회사의 주요한 업무를 맡기는 힘들다. 30대 후반에 들어서야 제대로 된 일을 하기 시작하고 그로부터 고작 10년 정도만이 직장 생활의 황금기라고 할 수 있다. 그 시기가 지나면 퇴직 준비를 할 수밖에 없는 시기가 오는 것이다.

본격적으로 일해 볼까 생각할 즈음이면 금방 일을 그만두게 된다는 것이다. 대부분 샐러리맨들은 이럴 때가 되면 견딜 수 없는 상실감에 빠질 수밖에 없다. 자신은 회사를 위해 모든 것을 바쳤는데 자신의 인생에서 자신의 흔적은 어디에서도 찾을 수 없다고 후회한다. 더 심각한 문제는 이들은 그나마 행복한 세대라는 것이다. 요즘은 대학을 졸업하고도 계약직이 대부분이다. 이른바 월 80만 원 세대의 암울한 풍경이 일자리를 찾아 헤매는 대학 졸업자의 흔한 자화상이 된 것이다.

나는 평생직장을 갖은 마지막 세대에 해당하지만, 운 좋게도 비교적 많은 직업을 경험하였다. 학교도 여러 군데 다녔고, 사업도 수차례 하였으며 전공 강의는 물론 동기 부여와 같은 특별 강연도 하였다. 돌아보면 즐거웠지만 다시는 하지 말아야 할 일이 있었고, 쓰라렸지만 더 추구했어야 할 경험도 있었다.

그때는 몰랐는데 돌이켜 보면 정말 다르게 보인 경험이 많았다. 도쿄대에 있을 때는 수학 공부가 최고로 중요하다고 생각했다. 매일 최선을 다했고 시험에 실패했을 때는 세상이 끝나는 줄로만 알았다. 하지만, 그 이후에 생각하지 못했던 더 멋진 일들을 많이 경험하였다. 반면에, 내가 사업을 시작하였을 때는 도피라고 생각했다. 그러나 사업하는 4년 동안에 사회와 인생을 제대로 경험하고 배웠다. 그 4년 동안의 경험은 이후의 학업과 인생살이에도 많은 지침이 되었다. 그때 배웠던 경험으로 나는 더 용기 있는 사람이 되었고, 원하는 일이 있으면 망설이지 않고 시작할 수 있는 대범함도 키웠다.

눈앞에 보이는 직장도 중요하지만, 인생에서 꼭 해야 할 일이라면 그것부터 먼저 실행하는 것이 중요하다. 그래야만 하고 싶은 그 일에 대해 배울 기회를 놓치지 않고 마침내 그 일을 생업으로 하게 될 가능성도 높아지기 때문이다. 내게는 동기 부여 강의가 그러했다. 자신감이 부족하여 언제까지나 기다릴 뻔했다. 그러나 무조건 시도했다. 힘들었지만, 그래도 지금은 제법 알려진 강사가 되었다. 첫 담배의 망설임을 기억하고 있는데 어느덧 골초가 된 느낌과 비슷하다고나 할까?

원하는 일이 있다면 시작을 망설이지 말자. 그러면 하고 싶은 그 일을 배울 기회를 쉽게 갖게 되고 그 일을 더 빨리, 더 잘할 수 있게 된다. 그런 일에 있어서는 단기간의 결과나 효율에 크게 신경 쓸 필요가 없다. 인생에 있어 꼭 해야 할 일이라면, 결과에 연연할 이유도 없고 성공과 실패도 문제될 수가 없다.

그런 일은 한 만큼 좋은 일이어서, 세속적인 손익을 넘어선 가치, 자신의 존재 이유와 맞닿은 본질적인 가치가 있어 그 일을 하고 있느냐가 무엇보다도 중요할 뿐이다. 그런 일을 찾아야 한다. 그랬을 때 우리들은 우리 일에 기꺼이 최선을 다하게 되고, 그런 사람이 많아질수록 사회와 국가는 진정한 발전을 더 기대할 수 있기 때문이다.

▶ 생존을 위해서 새로운 직업을 찾으며 평생 동안 노력을 기울이지 않으면 안 되는 세상이 된 것이다.

▶ 원하는 일이 있다면 시작을 망설이지 말자. 그러면 하고 싶은 그 일을 배울 기회를 쉽게 갖게 되고 그 일을 더 빨리, 더 잘할 수 있게 된다. 그런 일에 있어서는 단기간의 결과나 효율에 크게 신경 쓸 필요가 없다. 인생에 있어 꼭 해야 할 일이라면, 결과에 연연할 이유도 없고 성공과 실패도 문제 될 수가 없다.

원하는 일은 지금 바로 시작하자. 당신 인
생에서 가장 중요한 일은?

1.

2.

　　관공서와 산업체 등에서 동기 부여 강사로서의 역할이 많
아지자, 근무하고 있는 대학에서도 제법 많은 특강의 기회
가 주어졌다. 주로 새롭게 대학 생활을 시작하는 신입생들
의 오리엔테이션이나 사회로 나갈 준비를 하는 재학생들의
취업 특강에서 자신감을 부여하는 강의를 하였다. 소문은
날개를 달고 훨훨 날아서 차츰 학교를 찾아오는 중고생 청
중들도 늘어 갔다.

청소년들을 대상으로 강연을 하고 질의응답을 하다 보니 그들의 고민과 문제를 제법 많이 알게 되었다. 무엇보다도 지금의 청소년들은 총명하고 능력도 뛰어나지만 마음에 품고 있는 꿈이 너무나 작다는 사실이었다. 그러므로 그들의 문제는 머리가 아닌 가슴에 있었다. 뜨거운 가슴을 안고 나아가면 능력의 부족함도 방법의 미숙함도 문제가 되지 않음을 먼저 알려 주어야 했다.

특히 나이가 어린 학생들의 꿈은 지나칠 정도로 현실적이었다. 중고등학생들 대부분의 꿈은 고작 수능 시험 잘 치고 좋은 대학 가는 것, 좋은 직장 얻어서 편안한 인생을 사는 정도였다. 단군의 홍익인간의 꿈, 광개토 대왕의 대륙 정벌의 꿈과 같은 범인이 넘볼 수 없는 엄청난 것은 아니라 하더라도 요즘 청소년들에게서는 최소한의 기개도 찾아볼 수가 없었다. 꿈이 없는 사람, 꿈이 없는 사회, 꿈이 없는 시대, 꿈이 없는 민족의 내일은 어떤 모습일까?

꿈이란 무엇인가? 그것은 개인에게나 집단에게나 세상을 살아가는 삶의 원동력이자 도달하고자 하는 미래의 비전 아니던가? 꿈이란 자아실현을 통해 인생의 가치와 행복을 견인하는 힘이며 삶의 존재 이유이기도 한 것이다. 세상에는 컴퓨터와 영어 등의 지식을 잘 가르치는 교사들은 많아도 학생들이 꿈을 설계하는 데 필요한 삶의 지혜를 주는 참된 스승은 드물었던 모양이다.

수많은 청소년들은 입시 공부에 바빠서인지 꿈을 찾는 것이 시간 낭비라고 생각하고 있었다. 정말 안타까웠다. 꿈이 없으면 미래도 없다. 미래가 없는 사람은 불행할 수밖에 없다. 우리 청소년들을 이대로 두어서는 안 될 것 같았다. 꿈을 갖게 하는 것은 시급한 사안이었다. 누군가는 반드시 이 일을 해야 했다.

실제로 적지 않은 사람들이 나와 같은 생각을 하는 것도 사실이다. 그러나 그 누구에게서도 구체적인 대안이 없어

보였다. 그래서 나는 많은 생각 끝에 중고등학생들을 대상
으로 하는 '인생 설계도 과정'과 '사명 선언문 만들기 과정'
이란 강의를 시작하였다. 누군가는 언젠가는 해야 할 일이
라 생각하였기에 크게 망설이지 않았다.

처음에는 입시와는 관련 없는 강의라고 별다른 주목을 받
지 못했다. 하지만 시간이 지날수록 이 강의가 학과 과목뿐
만 아니라 인생 설계에 있어서도 중요한 강연으로 인정받기
시작했고 많은 중고등학교 학생들이 강연에 참가하기 시작
하였다. 급기야 교육과학기술부에서 실시하는 청소년 창의
적 체험 과정의 하나로 인정이 되었고, 마침내 일산에서 열
렸던 '제1회 대한민국 교육기부 박람회'에서는 대회 기간 내
내 교육과학기술부의 대표적인 인성 프로그램으로 소개되
었다.

일단 프로그램이 알려지자 지역의 중고등학생들을 중심
으로 꿈 설계하기 프로그램에 단체로 참가하는 학교가 늘어

났다. 학생들에게 필요한 것은 맹목적인 학습이 아니라 무엇 때문에 인생을 사는가에 대한 스스로의 질문을 통한 해답 찾기여야 한다는 점에 주목했다.

나는 학생들이 원하는 인생의 장·단기 목표와 그것을 이루어야 하는 이유를 찾도록 안내하였다. 이것을 기본으로 인생 설계도를 만들도록 유도하면서 자신이 원하는 인생을 그려 보게 하였다. 그리고 인생 목표를 찾아낸 학생들에게는 그것을 사명 명함으로 만들어 주어 그 결심을 오래도록 귀중하게 간직하도록 하였다.

차츰 학생들은 물론 선생님들에게도 이 프로그램의 필요성을 인정받기 시작하였다. 그리하여 최근 4년 동안에는 해마다 5,000명 이상의 청소년이 우리 대학을 방문하여 강연을 듣고 갔다. 마침내 지금은 전국에서 가장 많은 청소년이 참가하는 동기 부여 프로그램으로 자리매김하게 되었다.

나는 청소년들이 원하는 꿈을 꾸며 원하는 인생을 설계하도록 하는 동기 부여가로서 이 일에 큰 보람을 느낀다. 아직 우리네 중고등학교 정규 과정에서는 다루어지지 않고 있지만, 학생들의 인생에서 가장 중요한 내용이라는 사실을 부인할 사람은 없을 것이다. 이는 그들이 원하는 인생을 이루도록 하기 위해 매우 중요한 과정으로 무조건적 학습과 경쟁 속에서 꿈을 잃지 않게 하는 필수적 방법이 되기 때문이다.

어린 시절 꿈을 기억하고 있는가? 갈수록 그 꿈과는 멀어지는 의미 없는 생활을 하고 있지는 않은가? 아니면, 용기를 내어 잃어버린 그 꿈을 찾기 위해 땀 쏟기를 시작했는가? 이 세상에 오는 아이들은 그냥 왔다가 그냥 가는 의미 없는 생명체가 아니다. 누구나 이 세상에 와서 이루어야 할 꿈, 하지 않으면 안 될 자기 사명을 가지고 태어났음이 분명하다. 그 꿈과 사명을 찾아가는 과정이야말로, 진정한 인생의 의미를 찾아가는 길이 아닐까.

▶ 무엇보다도 지금의 청소년들은 총명하고 능력도 뛰어나지만 마음에 품고 있는 꿈이 너무나 작다는 사실이었다.

▶ 학생들에게 필요한 것은 맹목적인 학습이 아니라 무엇 때문에 인생을 사는가에 대한 스스로의 질문을 통한 해답 찾기여야 한다는 점에 주목했다.

살아가는 이유는 삶의 원동력이 된다. 당
신 인생의 의미는 무엇인가?

1.

2.

음치 교수,
외국어 민요 창시자 되다

나는 청소년들에게 미지의 꿈을 향해 힘차게 나아가도록 안내하는 일을 천직으로 여긴다. 왜냐하면 인생을 너무 어렵게 보고 망연자실했던 청소년 시절이 나에게도 있었기 때문이다. 실패라는 시행착오를 거치더라도 누구나 꿈을 이룰 수 있다는 사실을 내가 실제로 경험했다. '누구나 포기하지 않으면 원하는 인생을 살 수 있다.' 나는 이 사실을 보다 많은 젊은이들에게 말해 주고 싶다. 나는 이것이 나의 천직이라고 생각한다.

어떤 일을 천직으로 삼기 위해서는 그 일에 적극적인 관심과 타고난 소질과 그리고 무엇보다도 후천적으로 개발한 기술이 있어야 한다. 여러 차례에 걸쳐 동기 부여 프로그램을 진행해 왔지만, 그때마다 개운치 않은 것이 하나 있었다. 그것은 청소년 동기 부여 강의에는 특별한 재능이나 기술이 필요하지 않다는 것이다. 어른들이면 누구나 할 수 있다. 나만 할 수 있다거나 내가 꼭 해야만 하는 것은 아니다. 다만 대부분의 어른들이 이에 대해 무관심하거나 중요성을 이해하려 하지 않는 것이 문제였다.

청소년들은 자기들이 보기에 프로그램이 특별하다 싶지 않으면 크게 주목하지 않는다. 따라서 다른 프로그램과 차별화를 위한 새로운 콘텐츠의 개발이 필요했다. 그래서 시작한 것이 영어 민요이다. 아리랑과 같은 전통 민요를 영어로 바꾸어 부르는 것이다. 영어로 민요 부르기는 강연의 호기심을 불러일으키기 위해서 우리 민요 20여 곡을 번역해 본 것이 시작이었다. 그런데, 이것이 세계에 알려진 아리랑과 같은 우리 민요를 외국어로 소개하는 최초의 사례가 되었던 것이다. 예상 밖의 주목을 받게 되었다.

실제로 아리랑은 세계에서 유례없는 600년 이상 지속된 노래인데, 지금껏 아무도 영어로 소개한 사람이 없었다. 그동안의 영어 학습과 강의 경험을 이용하여 이들 민요를 강의 중에 영어로 부르며 진행하였는데, 우리 민족 문화의 자부심은 물론 자연스러운 영어 학습에도 큰 자신감을 불어넣을 수 있었다. 영어로 아리랑을 부르는 청소년들은 우리 가락의 흥겨움을 느끼면서 신명 나게 영어 공부를 하는 일석이조의 효과를 보았다.

의외의 효과를 확인한 뒤에는 이 일에 더욱 집중하였다. 경기 아리랑뿐만 아니라 밀양 아리랑, 진도 아리랑은 물론 군밤 타령, 태평가 등의 30여 곡의 민요를 영어와 일어로 번역했다. 이를 계기로 수도권과 지역으로부터 여러 차례 초대를 받아 영어 민요 캠프를 실행하기도 했다. 2012년에는 교육부에서 실시하는 '제1회 대한민국 교육기부 전시회'의 메인 무대에서 '외국인 아리랑, 한국인 영어 민요' 프로그램을 소개하기도 하였다. 이런 활동이 매스컴을 통해 알려지면서 유명세를 타게 되고 활동도 더 많아지게 되었다. 강의 중에 소개하는 것은 물론 외국인들에게 외국어로 우리 민요를 가르치는 일도 하게 되었던 것이다.

　믿어지지 않았다. 이상하기도 하고 미안하기도 했다. 음치인 내가 노래 선생이 되다니? 하지만 우리 민요의 아름다움을 제대로 알려 주지 못해 미안한 마음에서 벗어날 수 없었다. 고민에 고민을 거듭하던 중 뉴스를 보다가 눈이 확 뜨였다. 광복절에 포항에서 전국의 명창들이 모여서 대회를 한다는 것이었다. 외국인들을 데리고 가서 한국 민요가 어떤 것인지 그 진수를 보여 주기로 했다.

　2012년 8월 15일, 포항에서 열린 '제1회 독도사랑 국악사랑 대한민국 국창대회'를 외국인 제자들과 함께 참관하였다. 이 대회는 그때까지 전국 규모 대회에서 대통령상을 수상한 명창들만이 출전 자격이 있었고 그중에서 국창을 뽑는 큰 대회였다. 음치인 나의 소리와는 비교도 안 되었던 명창들의 소리를 들으며 제자들은 감격했다. 특히, 함께 갔던 일본 여선생인 와타나베 씨는 김소영 명창의 사랑가를 들으며 하염없이 눈물을 흘리기까지 했다.

이유인즉, 감격 때문만은 아니었다. 일본에 계시는 그녀의 아버지가 한국 민요를 무척 좋아하시는데 자기 혼자만 멋진 소리를 듣게 된 죄송한 마음 때문이었다. 나는 그녀가 너무나 갸륵하여 그날 국창으로 뽑혔던 김소영 명창에게 가서 직접 부탁했다.

"혹시 일본에서 선생님의 소리를 들으러 온다면 기회를 주시겠습니까?"

김소영 국창은 그렇게 하는 것은 물론 대구에 와서 노래 지도도 해 주겠다고 제안했다. 뜻하지 않은 보너스였다.

국창과 음치와의 만남은 이렇게 시작되었다. 덕분에 대구의 지인들이 대한민국 국창에게 직접 민요 지도를 받는 영광을 누리기도 하였고 그해 가을에는 대구에서 국창의 음악회도 가졌다. 또한, 김소영 국창의 지도로 노력해도 안 되던 나의 노래 실력도 조금은 나아졌고 가끔씩 무대에서 자신감을 가지고 민요를 부를 수준까지 되었다.

2013년 여름, 나는 일본 도쿄에서 천직 찾기 세미나에 참가하고 있었다. 그 주(週)의 세미나가 끝나자 참가자들이 모여 저녁 식사를 한 후 흥겨운 잡담이 무르익어 가고 있을 때였다. 누군가가 돌아가면서 노래를 한 소절씩 부르자고 제안하였다. 알고 있는 일본 노래도 없고 자막을 볼 수 있는 노래방 시설도 없어 내게는 큰 부담이었다.

내 순서가 되었다. 가슴이 조마조마, 쿵덕쿵덕했다. 진도아리랑 몇 구절을 일본 말로 불렀다.

"西日は沈みたくて沈むのか、僕をさる貴方去りたくて

去るか(서산에 지는 해는 지고 싶어서 지며, 날 두고 가는 임은 가고 싶어서 가느냐)"

노래가 끝나자 무슨 뜻이냐며 노래의 속뜻을 물었다. 가사 그대로 "서산에 지는 해는 지기 싫어도 때가 되면 져야 하듯이, 사랑하는 사이라도 헤어져야 할 운명이면 헤어져야 한다"는 의미라고 설명해 주었다. 그랬더니 한국 노래에 그런 깊은 뜻이 있느냐고 되물어 왔다. 그 뒤로는 내가 부르는 노래를 들으면 그림이 그려지는 것 같다고 했다. 음치라서 그런지 멜로디보다는 노랫말과 분위기를 통해 이미지를 떠올리는 것 같았다.

그런 일이 있은 후 놀라운 일이 또 벌어졌다. 세미나가 완전히 끝나던 날의 일이었다. 그동안 세미나에 참가하였던 300여 명의 사람들이 도쿄의 번화가인 시부야의 한 호텔에서 종료식을 할 때였다. 식이 다 끝나고, 연회를 하는 도중 갑자기 사회자가 "다음은 허 선생의 무대"라고 소개하는 것이었다. 그러고는 2주 전에 했던 노래를 해 보라고 했다. 마지 못한 듯 무대에 올랐다. 마침내 아리랑을 일본인의 심장 깊이 심어 줄 기회가 온 것이다. 그동안 연습했던 진도 아리랑을 영어로 신명 나게 불렀고 박수갈채로 실내가 흔들렸다.

그중에서도 "Let's have fun and go away, have rest until that moon disappears(노다 가세 노다나 가세. 저 달이 떴다 지도록 노다나 가세)"를 특히 좋아했다. 듣고 있던 몇 사람이 이 구절을 일본 말로 바꾸어 부르기 시작하자 온 객석이 따라 부르기 시작했다. 마치 진도 아리랑의 경연장이 된 것 같았다.

지금도 그날 그 세미나의 무대를 생각하면 온몸이 후끈 달아오른다. 정말 우리 노래의 깊은 의미와 흥겨운 가락을 느낄 수 있는 멋진 경험이었다. 음치인 내가 우리나라 민요를 일본 사람들에게 그처럼 신 나게 소개하다니 감격스럽기도 하다. 어쩌면 음치인 내 아리랑 부르기가 진정한 한류 문화 세계화의 시작이 될지도 모를 일이다.

• Key Sentence

▶ 어떤 일을 천직으로 삼기 위해서는 그 일에 적극적인 관심과 타고난 소질과 그리고 무엇보다도 후천적으로 개발한 기술이 있어야 한다.

▶ 영어로 아리랑을 부르는 청소년들은 우리 가락의 흥겨움을 느끼면서 신명 나게 영어 공부를 하는 일석이조의 효과를 보았다.

Dreams come true! 당신의 가장 극적이
고 감동적인 순간은 무엇이 될까?

1.

2.

2010년 여름, 자유인이 되어야 했다. 하루라도 연기할 수가 없었다. 자칫하면 내가 원하는 자유를 만끽할 기회가 없을지도 모른다는 위기감마저 들었기 때문이었다. 2년마다 받아 오던 건강 검진에서 문제가 발견된 것이었다. 부정맥이 발견되었고, 백혈구와 적혈구의 수치가 정상인의 3배 이상이니 빨리 정밀 검사를 받아야 한다는 병원의 연락이 왔다.

몇 년 전 병원에서 고생하시다가 돌아가신 아버님의 모습이 떠올랐다. 병환을 앓으시다가 마침내는 수술을 받게 되었고, 그로 인해서 더 일찍 돌아가셨다. 어쩌면 나의 기나긴 환자 생활의 시작인지도 몰랐다. 왜 이렇게 건강이 나빠진 걸까? 그동안 학교 강의와 동기 부여 강연이 겹치면서 피로가 누적된 탓일까? 스트레스로 인한 내 몸의 저항일까? 아니면 유전적인 문제일까?

어쨌든 그건 중요하지 않았다. 중요한 건 결단이었다. 환자로 오래 살 것인가? 자유롭게 살다가 일찍 갈 것인가? 이런 결단은 사람이 살아온 경험에 따라 다를 것이나 내 생각엔 의사의 지시를 받으며 착한 환자로 살다가 죽게 된다면 그것처럼 억울한 일이 없을 것 같았다. 마침내 결단했다.
'그래, 하루를 살아도 즐겁고 자유롭게 살다 가자.'

일단 오랫동안 익숙해져 왔던 내 생활 환경과 일상으로부터 떠나고 싶었다. 내게 자유를 줄 만한 곳, 내가 훨훨 날아야 할 곳을 찾아 나섰다. '어디 좋은 곳이 없을까?', '어디에 가서 어떻게 지내는 것이 좋을까?' 고민에 고민을 거듭했다.

불현듯 십여 년 전 서울 여의도 사업장에서 만났던 기인이 생각났다. 김영갑 사진작가! 전시회 개최로 서울에 왔다가 젊은 사업가가 많았던 여의도를 방문하게 되었다고 했다. 그러나 내가 보기에 감물로 물들인 제주도 토속 의상인 갈옷을 입고 말총머리를 한 그는 그곳에 나타날 사람이 아닌 것 같았다.

마침 점심때가 되어 나는 그를 식사에 초대했다. 그의 이야기는 처음부터 제주도와 사진에 관한 것이었다.
"제주도는 세상에서 가장 아름다운 곳입니다. 이어도의 속살을 보면 그곳을 떠날 수가 없지요. 젊은 시절 우연히 그곳을 방문했다가 매료되어 이십 년째 살고 있지요. 사진으로 남기고 있어요. 그곳은 하루 안에도 찬란한 해돋이는 물론, 아름다운 산과 강, 그리고 장대한 낙조도 볼 수가 있지요."
변화무쌍한 제주도의 날씨 속에 살아 있는 제주도의 순간

포착을 위해 자신의 열정을 불사른다고 했다.

"그래요. 뭐, 섬이라면 다 그런 거 아니에요."

나는 그의 말에 사무적으로만 반응했다.

"그렇지 않아요. 제주도의 속살은 다릅니다. 저는 그곳을 지키고 알리려 합니다. 그래서 그곳에서 세계 제일의 필름 워크숍을 시작하려 합니다. 사실은 그래서, 오늘은 말이 통할지도 모를 젊은 사장들을 만나 보러 여기 여의도에 온 것입니다. 이런 일에 같이하신다면 이보다 가치 있는 일은 없지요."

그가 설명하는 제주도의 아름다움은 알지도 못하고 나는 그저 사업적인 대응만 하였다.

"만약 선생의 말씀이 사실이라면, 왜 워크숍만 합니까? 필름 대학을 만드세요. 그게 사실이라면 선생이 그 대학의 총장이 되고, 내가 이사장이 되면 되지 않겠소?"

촌스러워 보이는 그를 보며 나는 젊은 사업가로서의 호기를 부렸다. 그래도 그는 반가워했다.

"제가 제주도에 있으면 사람들이 뚜껑이 열린 놈이라 하는데, 사장님은 뚜껑이 없는 분 같구려."

우리는 그 한 번의 만남으로 친구가 되었다. 그리고 필름 대학의 준비도 시작하기로 하였다. 하지만 그로부터 얼마 지나지 않아 나는 회의를 느낀 사업을 그만두고 학문의 길로 들어서게 됨으로써 그와의 프로젝트를 못 하게 되었다. 업계에서 사라져 간 나와는 달리 그의 활동은 계속되었다. 그의 작품은 국내외에 소개가 되었고, 2002년에 폐교를 개조하여 만든 김영갑 갤러리 '두모악'도 걸출한 결과를 내고 있었다. 그렇지만 필름 대학 설립의 꿈을 함께 못 한 나는 그의 앞에 자랑스레 나타날 수가 없었다. 그러던 그가 어느 날 루게릭병으로 요절하고 말았다. 충격이었다.

점점 굳어 가는 근육을 놀리지 않으려고 손수 몸을 움직여 사진 갤러리 만들기에 열중했다고 한다. 그를 생각하면 마음이 짠하거나 안됐다는 생각보다는 부럽다는 생각이 들었다. 한 가지 자기가 좋아하는 사진에 미쳐 자신만의 왕국을 건설하고 그 왕국에서 영원히 잠든 친구 김영갑이 그렇게 부러울 수가 없었다. 인생은 누구에게나 시작이 있었으니 끝이 있는 것 아니겠는가. 다만 조금 일찍 갔다는 아쉬움이 남을 뿐이다. 좀 더 남아 좋은 작품을 더 남겼더라면 더 많은 사람들의 사랑을 받지 않았을까 싶다.

성읍에 있는 김영갑 갤러리는 그 이후로 제주도를 찾는 사람이면 누구나 찾는 명소가 되었다. 그는 갔지만 내 마음에 그는 잊혀지지 않는 친구이며 사업을 함께하기로 했던 미완의 동반자로 깊이깊이 남아 있게 되었다.

병원에서 정밀 검사 통보를 받은 그날, 갑자기 그가 생각났던 것이다. 하루를 살아도 그렇게 자유롭게 살아야 하는 것인데, 그가 매료되었던 제주도에 가 볼까? 그가 말했던 제주도의 속살이란 무엇일까? 얼마 남아 있는지도 모르는 내 인생. 나도 그처럼 뭔가에 매료되어 살아야 하지 않을까?

마침내 결단을 내렸다. 병원에 가는 대신에 비행기를 타고 제주도에 내려갔다. 걷든지 아니면 자전거를 타면서 그가 말해 준 제주도의 속살을 보고 싶었다. 자전거를 택했다. 그가 말한 제주도를 가능한 한 많이 보고 싶어서였다. 제주도를 한 바퀴 도는 데 240km, 4일이 걸렸다.

7월의 뙤약볕 아래 자전거를 타는 사람은 거의 없었다. 하지만 나는 제주도를 연속으로 세 바퀴 돌았다. 뜨거운 태양 아래 몸이 녹아내리는 건 아닐까 생각하면서도 멈출 수가 없었다. 이대로 멈춘다면 내 인생도 마지막일 거라는 막연한 두려움 때문이었다. 낮엔 태양으로 뜨거웠고, 밤에는 내 몸이 불덩이처럼 끓어올랐다. 온몸이 거칠어지고 물집이 생기기 시작했다. 게스트하우스에서 만나는 사람들은 새까맣게 된 나를 보고, 건강함과 자유로움이 부럽다고 했다.

구속에서 자유, 병고에서 건강으로. 2주간의 경험으로는 실로 엄청난 변화였다. 몸은 힘들었지만 아름다운 풍광과 함께한 자유로움으로 나 자신을 찾아가고 있었다. 모든 걸

포기하고 떠난 여행길에서 힘을 얻었다. 대구로 가는 비행기 안, 모든 시름을 내려놓고 나 자신을 위해 살 것이라 다짐을 했다. 섬에게 얘기했다. 다시 오겠노라고. 건강을 찾으면… 너 때문이라고.

자전거 여행에서 돌아온 후에도 문제는 심각했다. 2주 동안 데워진 피부가 좀처럼 식지도 물집이 가라앉지도 않았기 때문이다. 진물이 흐르는 내 피부는 눈 뜨고는 볼 수 없었다. 결국 피부과를 찾았다. 시커멓게 문드러진 나의 피부를 보며 젊은 의사가 말했다. "선생님 제정신입니까?" 며칠간 피부를 치료했다. 힘은 들었지만 조금씩 몸은 진정되어 가기 시작했다. 그러면서 내 마음도 조금씩 치유되기 시작했다.

김영갑. 그 친구의 말은 정확히 맞았다. 제주도 여행은 내 몸과 마음을 여물게 해 주었다. 그때 제주도가 내게 보여 준 것들은 두고두고 내 삶에 정말 큰 힘이 되었다. 제주도를 우연히 여행하다가 그곳에 매료되어 정착하게 되는 사람은 김영갑 그 친구 외에도 수없이 많을 것이다. 처음에는 투박한 듯 하지만 시간이 흐르면서 정을 내비치는 섬의 주민들 또한 아름다운 자연 풍광과 함께 외지 사람들을 매료시키기는 충분한 흡인력이 있음에 틀림없다.

  눈을 감으면 아름다운 자연 경관 하나하나가 내 마음에 와 박힌다. 자유와 자연, 낭만과 멋이 있는 그곳에서 나는 진정 자유를 발견했다. 그리고 치유된 나 자신을 만났다. 몸도 조금씩 건강을 되찾기 시작했다. 그 밑거름으로 지금까지 온 것 같다. 치열하게 살다가 생을 마감한 친구가 눈물 나게 그리운 밤이다. 그를 만나러 또 제주도에 가 보고 싶다.

▶ 중요한 건 결단이었다. 환자로 오래 살 것인가? 자유롭게 살다
가 일찍 갈 것인가?

▶ 구속에서 자유, 병고에서 건강으로. 2주간의 경험으로는 실로
엄청난 변화였다. 몸은 힘들었지만 아름다운 풍광과 함께한 자
유로움으로 나 자신을 찾아가고 있었다.

작가 김영갑처럼 당신이 내릴 인생을 위한
결단과 책임은 무엇인가?

1.

2.

조직 속의 럭비공,
허펭선

이제 나도 중년이 되었다. 인생의 최고점은 이미 지나갔을 지도 모를 일이다. 나이가 들 만큼 들지 않았는가? 하긴 이런 생각은 수십 년 전부터 하고 온 것 같다. 20대 초반, 그때까지 열등아로 보냈으니 내 인생은 그렇게 끝이 날 줄 알았다. 30대 초반, 사업도 해 봤으니 이미 해 볼 것 다 해 봤다고 생각했었다. 40대 초반, 박사도 되었으니 이제는 인생을 정리할 때라고, 이제 50대 초반도 지나고 있으니, 뭐 해 볼 것 다 해 봤으니 이제는 쉬어도 안 될까?

어림없는 생각이다. 지금까지의 경험들은 예고편이었고, 이제는 인생 본편을 상영해 볼 작정이다. 축구도 후반부터라고 하지 않는가? 인생은 하프 타임을 지난 후가 훨씬 더 중요하다. 지금까지 살아온 날들을 인생의 결론으로 받아들인다는 것은 지나치게 안이한 생각이다. 아무런 생각도 없이 무력감에 빠져 있던 20대 초반의 생각과 다름이 없지 않은가? 사실은 이런 정신으로 살아온 지 오래이며, 안이한 삶의 자세를 극복하기 위해 예측할 수 없는 행동을 참 많이 했다. 개인적으로도 조직에 있어서도 그랬다.

근무하는 대학 내에서의 나의 별명은 럭비공이고 허펭선이다. 하는 일이 예측도 안 되며 행동이 이상하게 보여서 그렇게 붙여진 것 같다. 처음부터 그런 것은 아니었다. 아버지의 뒤를 이어 시작한 교직은 사명감으로 넘쳤다. 젊은 나이에 존경도 받으며 찬사도 받았다. 하지만 생각이 바뀌었다. 다른 분야, 다른 인생을 살고 싶어졌다. 내 마음속 럭비공은 늘 어디론가 튕겨 나갈 채비를 하고 있었는지도 모른다.

누구나 직장이 없을 때는 '어디 생계를 유지할 곳이 없나?' 라고 하다가, 막상 직장이 생기면, '좀 편하게 지낼 수 없나?' 라고 생각하기 십상이다. 그러다 그 직장에 익숙해지면, '어디 왕창 벌 곳 없나?'라는 생각을 하기 시작한다고 한다. 나도 그랬다. '아버지처럼 교사가 되었으면' 하다가 '좀 편했으면'에서, 다시 '무조건 유명해졌으면'으로 바뀌었다. 허황되거나 말거나 포기하지 않고 욕망을 따라 꿈을 좇았다. 헛되지 않고 그렇게 되었으니 다행이다.

왕창 벌 곳을 찾아 시작한 30대 초반의 외부 사업 활동은 꽤나 성공적이었다. 젊었던 나는 오만하고 두려움이 없었다. 학교 식당에서 만난 대학의 총장님께서 "요즘은 학교보다 방송이나 신문에서 더 많이 보네요"라고 덕담을 하시면, "그런 식으로 비꼬지 마세요. 진정으로 활동을 지원해 주신 적이라도 있으세요?"라고 빈정거리며 받아칠 정도였다.

교수로서의 의무를 다하지 않는다는 동료들의 질책도 내

가 성공하니 시기한다고 해석할 정도로 오만했다. 사업을 완전히 끝내고 학교에 돌아와서도 반성하기는커녕, 세상모르는 선생들과는 이야기가 안 된다며 나 혼자의 우월감으로 화합을 단념하기도 했다. 지금은 상상하기도 싫은 젊은 시절의 자화상이다. 하늘 높은 줄 모르던 시절이었다.

하지만 그런 경험이 모두 부정적인 것만은 아니었다. 그런 생활을 한 결과, 자연스럽게 새롭고 창의적인 활동을 많이 할 수 있었기 때문이다. 주변의 시선을 무시하고, 진정으로 원하는 일들을 찾아갈 수 있는 계기가 되기도 했다. 어쩔 수 없이 주어진 일을 하는 것이 아니라, 내가 의미 있다고 생각한 일에 몰두할 수가 있었다. 내가 원하는 대로 다른 사람이 가지 않은 길을 찾아 나설 수 있었던 것이다.

한때, 조직에서 적응이 어려웠던 나는 말이 통하는 상대를 찾아 나섰는데, 주로 외국인들을 많이 만났다. 외국어 능력이 급속도로 늘게 되었다. 덤으로 챙긴 이득이었다. 주어진 환경에 만족하지 못했던 나는 최면술, 전생 안내, 상담 심리, 전통 민요, 영어 학습, 동기 부여, 성공학 등 여러 분야를 시도해 볼 수 있었다. 심지어 음치였던 나는 무대 위에서 노래하고 싶어 외국어 민요를 시작하게 되었고 지금은 정기적으로 그것을 가르치는 전문 강사 역을 감당하기도 한다. 이를 두고 인생 역전이라는 말을 해도 좋을지 모르겠다.

이런 과정을 통해 마침내 청소년 동기 부여 프로그램을 시작하게 되었다. 그것도 북과 장구를 들고 노래하며 강연 무대에 나선 것이다. 사람들이 이를 두고 완전한 '꼴불견 허남원 종합 세트'라고 했다. 음치이며 전통 악기에도 문외한이고 특별한 전문성도 없는 사람이 무대에 서서 무엇을 한다는 말인가라고 수군거렸다. 하지만, 럭비공은 계속 튀었고 이 프로그램은 대학에서 자랑하는 대표적인 인생 체험 코스가 되었으며, 교육과학기술부에서도 인정하는 유명한 청소년 동기 부여 프로그램이 되었다.

보이는 것만이 전부가 아니듯, 순응과 화합만이 조직을 위한 것은 아니다. 조직도 개인도 발전을 하려면 안전지대를 벗어난 시도가 있어야 한다. 새로운 역사는 새로운 시도의 발끝에서 나오는 것이다. 시도하지 않으면 그 일은 100% 실패가 될 뿐이다. 실패의 위험이 손에 만져질 듯 보인다 하더라도 도전하는 사람만이 그 완전한 실패의 확률을 벗어날 수 있다. 예상하지 못하는 행동만이 생각 이상의 멋지고 새로운 역사의 횃불을 올릴 수 있다.

이제 나는 서양 사람들이 럭비에 환호하는 이유를 알 것 같다. 그들은 예측하지 못하는 럭비공의 방향과 엉뚱함에 환호를 한다. 예측 불허의 결과는 얼마나 관중들을 가슴 졸이게 하는가. 방향을 알 수 없게 튀는 럭비공은 공포의 대상이 될 수도 있으나 희망의 상징이 될 수 있다. 럭비공의 움직임을 무서워하고 두려워하는 조직은 발전을 거부하는 것이고 개인은 이미 죽은 것과 다름이 없다. 뱀이 허물을 벗고 새 몸을 얻듯, 만리장성을 허물어야 비로소 실크 로드가 열릴 수 있듯, 낯익은 것으로부터의 결별 없이 우리는 새로운 역사의 지평을 열 수 없다. 럭비공처럼 한번 튀어 보자.

▶ 보이는 것만이 전부가 아니듯, 순응과 화합만이 조직을 위한 것은 아니다. 조직도 개인도 발전을 하려면 안전지대를 벗어난 시도가 있어야 한다.

▶ 만리장성을 허물어야 비로소 실크 로드가 열릴 수 있듯, 낯익은 것으로부터의 결별 없이 우리는 새로운 역사의 지평을 열 수 없다.

미래의 관객이 환호하게 될 당신의 럭비공
은 무엇이 될 것인가?

1.

2.

글로벌 특급 천재
허남원

"여기는 MBC 〈세바퀴〉입니다. 교수님을 저희 프로그램에 글로벌 특급 천재로 초대하고자 합니다."

내가 누구인 줄 어떻게 알았느냐고 하니, 그 정도는 다 안다고 하며 출연을 제의했다. 알고 보니 〈세바퀴〉는 요즘 방송계에서 매우 인기 있는 토크 쇼 중의 하나였다. 남녀노소 가리지 않고 좋아하는 프로그램이라고 했다. 갑자기 온 전화를 받고 '내게 이런 일이 있어도 되는 것일까?'라는 생각이 들었다.

"그런데, 저는 천재가 아닙니다. 혹시 다음에 특급 바보 프로그램이 있으면 초대해 주세요. 그런 프로그램이라면 제게 소재가 좀 있습니다"라고 말했더니, 연락했던 작가가 내가 도전의 천재라며 출연을 강권하였다. 지금까지 몇 번 TV에 출연한 적은 있었지만, 이런 유명 프로그램에 초대를 받은 것은 처음 있는 일이었다.

긴장도 되었지만, 기대되는 마음에 주변에 출연 예정 사실을 알리기도 하였다. 먼저 대본을 받아서 연습을 많이 하고 멋진 녹화를 하고 싶었다. 하지만 유명하고도 바쁜 연예인들이 공동 MC를 맡고 함께 출연하는 프로그램이라서 그런지 대본이 좀처럼 나오지 않았다. 마침내 녹화 전날에야 대본을 받았다. 긴장이 최고조에 달했다. 유명한 지상파 방송이 나를 살짝 쫄게 만들었던 것이다.

받아 본 대본에서는 톱스타들이 나를 이렇게 소개하였다.

"전 세계 상위 1%의 글로벌 천재들이 모였습니다."
"그야말로 특급 천재들이야."
"세계를 움직이는 '글로벌 천재 특집 – 세바퀴'"
"오늘의 특급 천재 소개해 주시죠."
"학사 경고를 받았던 낙제생이 카이스트와 포항공대를 접수했습니다. 불가능하다고요? 아뇨~ 이분에게는 가능합니다. 공학계의 진정한 무한 도전! 사차원 괴짜 천재 허남원 교수님을 소개합니다."

동기 부여 강사로서의 나의 경력과 투지에 관한 소개도 계속되었다.

"괴짜 천재, 허남원 교수의 천재 프로필을 읊어 주시죠!"
"우리 허남원 교수님은 놀라운 이력의 소유자! 대학 시절 낙제생에서 카이스트 공학도로 대변신! 이후 도쿄대, 포항공대를 거쳐 최강 엘리트 코스를 밟으셨고요, 현재는 영어 민요를 전파하고 계시는 독특한 경력의 소유자! 이분과 만나면 없던 자신감도 생겨난다는 무한 긍정의 아이콘! 시대가 원하는 괴짜 천재입니다."

대본의 다음은 내가 다녔던 학교들과 아이들이 겪었던 학업 장애 및 극복에 관한 이야기를 소개하는 순서로 구성되어 있었다. 내가 전국 TV에 '글로벌 특급 천재'로 소개되다니? 꿈 같은 일이 벌어지고 있음에 기쁘면서도 떨렸다. 언젠가 전국적으로 특별한 동기 부여 강사로 소개되는 것을 꿈꾸기는 했으나, 이렇게 빠르게 확실하게 이루어지다니. 멋진 일이지 않은가?

그런 기쁨도 잠시였다. 다시 대본을 보니 더 추가해야 할 내용이 보였다. 사실, 나는 학업이나 학교생활보다는 더 소개하고 싶은 인생 경험이 있는데 정작 그것이 빠졌던 것이다. 방송에서는 내가 한 번 낙제하고 계속 최강 엘리트 코스를 밟은 줄로 알고 천재라 하지만 그건 아니었다. 앞에서 이미 밝혔듯이 실패와 좌절의 순간이 더 많았다. 다만 그때마다 주저앉거나 무너져 내리지 않고 오뚝이처럼 일어서 다시 도전했을 뿐이다. 나는 천재로 각광 받기보다는 끊임없이 도전했다는 사실을 말하고 싶었다.

그래서 남들이 쉽게 해 보지 않은 것들을 많이 경험할 수 있었노라고. '누구나 도전하면 된다. 지금 바로 시작하라!' 이것이 내가 살아온 이력이요 경력인데 방송에서는 지방대 학사 경고생이 카이스트와 포항공대를 졸업했다는 학력에만 초점을 맞추는 것 같았다. 그러나 솔직히 그런 것들은 내게 있어 그리 중요한 부분이 아니었다. 나는 도전으로 점철된 총체적인 세상살이, 고비 고비마다 도전의 힘을 쏟아 내던 내 삶의 넘치는 에너지를 소개하고 싶었다. 이것이 바로 천재의 삶이기 때문이다.

나는 받았던 대본에 이런 내용을 붉은색으로 추가했다. 밤새 도전의 천재 인터뷰 연습을 하고 새벽녘에는 수정한 대본을 방송국에 보냈다. 전날의 청소년 강의에 이어서 무리한 밤샘을 해서인지 엄청난 피로가 밀려왔지만, 열심히 했던 대본 연습으로 자신감이 충만하였다.

드디어 대망의 녹화 날이 되었다. 멋진 하루가 시작되고 있었다. 마침 방송국에서도 전화가 왔다. 대본은 잘 받았고 녹화 전에 만나서 조정하자고 했다. 나는 내가 제출한 대로 대본 수정을 요구했다. 그러나 방송국 구성 작가는 당황하는 눈치였다. "출연자의 소개할 경력이 너무 많아 한곳에 집중이 어렵다"고 했다.

하지만 내 입장에서는 다녔던 학교 자랑만 하는 것은 팔불출이나 하는 일이라는 생각이 들었다. 그래서 세상에 좋은 학교를 나온 사람은 수없이 많은데, 그것만으로 특급 천재라고 하는 것이 부끄럽다고 하며 대본 수정을 요구했다.

방송국에서는 나의 요구가 너무 강하다고 했다. 몇 차례의 협상이 진행되었다. 결국 나는 출연을 안 하기로 했다. 방송을 타면 금방 유명 인사가 된다는 것을 모르는 바 아니었지만 그러나 낙제생이 카이스트를 거쳐 포항공대에서 박사 학위를 받았다는 사실만으로 천재라고 하는 것에는 도무지 동의할 수 없었기 때문이다.

또다시 럭비공은 튀었고 나는 출연을 포기했다. 학교만 다닌 꽁생원의 모습은 내 모습이 아니기 때문이다. 아직은 때가 아니었던 것이다. 좋은 향은 바람이 불지 않아도 십 리 밖에서 그 향기를 느낄 수 있고, 날카로운 칼은 자루 속에 들어 있어도 표시가 난다고 하지 않던가. 무조건 유명해지기보다는 제대로 된 내 모습을 갖추는 것이 필요했다.

▶ "대학 시절 낙제생에서 카이스트 공학도로 대변신! 이후 도쿄
대, 포항공대를 거쳐 최강 엘리트 코스를 밟으셨고요, 현재는
영어 민요를 전파하고 계시는 독특한 경력의 소유자! 이분과 만
나면 없던 자신감도 생겨난다는 무한 긍정의 아이콘! 시대가 원
하는 괴짜."

▶ 아직은 때가 아니었던 것이다. 좋은 향은 바람이 불지 않아도
십 리 밖에서 그 향기를 느낄 수 있고, 날카로운 칼은 자루 속에
들어 있어도 표시가 난다고 하지 않던가.

먼저 자신의 모습을 갖추자. 제대로 되려면 무엇부터 달라져야 하는가?

1.

2.

　나는 내가 타고난 성격이 어떤지를 잘 모른다. 특히, 내가 어떤 소질을 가지고 있는지도 아직 잘 모르겠다. 다만, 살아오면서 어떻게 하면 내가 원하는 삶을 살아갈 수 있는지는 조금씩 깨쳐 온 것 같다. 가장 큰 깨달음은 생각을 바꾸면 인생도 변해 간다는 사실이었다. 아무리 외부적인 지위나 재물이 있어도 그에 걸맞은 인품을 갖추지 못하면 아무런 의미가 없음을 깨달았던 것이다.

시간이 갈수록 내가 집중하게 된 것은 자기 자신의 계발이었다. 궁극적으로는 이것이 인품을 뜻하는 것일 것이나, 예상되지 않는 세상을 살아가면서 내게 필요한 것은 내 자신에 대한 믿음이나 자신감이었다. 내가 이것을 확실히 하였을 때는, 어떤 일을 계획하거나 진행할 때도 행복하였고 원하는 결과를 손에 넣을 가능성도 높았다. 그뿐이 아니었다. 얻어진 결과도 오랫동안 의미 있게 지속할 수 있었다.

예외가 없었다. 우선 나는 내가 공부를, 특히 수학을 할 수 없다고 생각했다. 그런 결과, 열심히 공부했지만 결과가 나오지 않았다. 마찬가지로 나는 사업을 하였지만, 나는 사업가가 아니라고 생각했다. 그러하니, 사업에 성공하고도 얼마 가지 못해서 사업을 접게 되었다. 반면에 나는 사람들에게 동기 부여가 필요하고, 나는 동기 부여가로서의 인생 경험과 재능이 있다고 생각했다. 그 결과, 여러 가지 어려움이 있었음에도 불구하고 시간이 갈수록 나는 진정한 동기 부여가에 가까워질 수 있었다.

하지만 처음부터 이런 생각을 한 것은 아니었다. 인생이 너무나 걱정되고 자신이 없었던 어리고 젊은 시절에는 그저 나도 남들처럼 자신감을 가지고 살아가고 싶었다. 그래서 찾은 것이 성공하는 사람들의 이야기였고, 그들의 이야기와 인생을 통해서 비슷한 나의 인생을 그려 보고 싶었다. 그 결과 점점 내가 생각하고 상상하던 인생을 살아가게 되었다.

거울 속에 보이는 모습이 마음에 들지 않는다고 거울을 흔들고 부수고 또는 바꾸는 바보 같은 일들을 해 보아야 아무런 도움이 안 된다. 먼저 자신의 모습을 바꿀 필요가 있는 것이다. 그것도 자신의 마음부터 바꿀 필요가 있다. 그렇게 하기 위해서, 내가 가장 먼저 해야 하는 것이 자기 계발이었다. 박사 과정이 끝나면서 가장 먼저 했던 것도 본격적인 자기 계발이었다.

기다리던 기회는 예측하지 않은 곳에서 기대했던 것보다 더 일찍 찾아왔다. 박사 학위의 마지막 코스 부분이었다.

인간 언어를 컴퓨터로 처리하는 '자연 언어 처리(Natural Language Processing)' 분야에서 연구를 계속하고 있었지만 논문으로 정리가 될지, 내가 주장하는 개념은 정말 새로운 것인지 고민하는 나날을 보내고 있었다. 그날도 새롭게 발표된 연구물을 찾아서 도서관으로 서점으로 돌아보고 있었다.

뜻밖에 《NLP의 원리》라는 한글 책이 눈에 띄었다. 내가 연구하던 분야, NLP에서는 처음으로 보는 한글 안내서였기 때문이었다. 그런데 그 NLP는 이니셜만 같았지 원제목은 완전히 다른 'Neural Linguistic Programming(신경 언어 프로그래밍)'이라는 자기 계발서였다. 완전히 다르지만 내가 관심 있는 자기 계발 분야가 아닌가? 황당하면서도 반가웠다.

새롭게 NLP 분야에 관한 책을 읽으면서, 막연했던 자기 계발의 꿈을 펼쳐 보기 시작하였다. 박사 학위를 받으면 앞으로 다시 도전해 볼 새로운 분야를 찾게 된 것이었다.

특히, 내가 새로 발견한 NLP는 그 당시 세계적으로 인기를 끌기 시작한 자기 계발 방법이었다. 그것은 탁월한 사람들의 언어와 행동 패턴을 파악하고 흉내 내어 봄으로써 그들이 가진 탁월성을 빠르게 가질 수 있다는 내용이었다. 깊은 내용을 이해하지 않고도 원하는 결과를 얻어 낼 수 있다는 내용이었다. 마치 전기가 어떻게 만들어지는지 몰라도 스위치 위치만 알면 사용할 수 있는 것과 같지 않은가?

나는 이런 것을 원했다. 어쩌면 모든 사람이 원하는 것일지도 모른다. 아니, 무엇인가 복잡한 내용에 지친 사람일수록 이렇게 간단한 방식을 찾을지도 모른다. 그러기에 카이스트나 포항공대의 주변에는 늦게까지 불을 밝힌 만화방이 오래 전부터 있었는지도 모르겠다.

아무리 NLP가 탁월한 효과가 있다고 해도 100% 집중해서 그 이론을 이해하고 적용하는 것이 힘들었다. 그러던 어느 날, 《NLP의 원리》 번역자인 동아대학교의 설기문 교수를 찾아갔다. 그와의 만남에서 그는 내가 모르는 무의식 세계를 보고 있음을 알았다. 그와의 만남에 매료되어 그가 하는 최면 과정에도 참가하였다. 정말로 충격이었다. 손가락이 붙었다고 최면을 걸면 뗄 수가 없었고, 이제 못 일어선다고 말하면 일어서지도 못하는 장면을 본 것이다.

그것뿐만이 아니었다. 스님에게 최면을 걸어, 빈 컵에 술이 있다고 하고, 빈 컵을 마시게 하였는데, 최면이 끝나고도 그 스님은 술에서 깨어나지 못하는 것이었다. 이런 세상이 있을 수 있는가? 이것이야말로 100% 집중할 수 있는 세상이 아닌가? 이런 세상에서 살고 싶었다. 무엇을 해도 집중할 수 있는 세상. 시간이나 정신에 낭비가 없는 세상!

NLP와 최면술에 관한 관심과 최면은 박사 학위를 받고 나서도 계속되었다. 학위를 받고서는, 더욱 능력 있는 NLP 처리사가 되기 위해 유명한 워크숍에 참석하기도 하고 확실한 최면술사가 되기 위해 산속의 사찰을 찾아다니며 스님들로부터 그 방법을 배우기도 하였다.

하지만 나는 이 분야에서도 희망처럼 능력 있는 사람이 되지는 못했다. 뜨거운 관심이 있었고 열심히 공부도 하였지만, 그때까지 내가 받아 온 교육 내용과는 너무나 달랐기 때문이었다. 너무 논리적인 교육을 장기간 받아 온 나로서는 이러한 신비한 이론을 받아들이기 어려웠던 것이 사실이다. 그러나 나는 이때 받았던 교육을 후회하지 않으며 좋은 경험이었다고 생각한다. 최면을 통하여 내가 오랫동안 시달렸던 수학 공포를 해결할 수도 있었고, 이유 없이 관계가 어려웠던 사람과의 관계도 개선할 수 있었다. 이해가 되지 않았어도 더 공부하고 싶다는 욕망이 있었다. 이것이야말로 나의 천직은 자기 계발에 관계되는 일이라는 증거였는지도 모르겠다.

▶ 거울 속에 보이는 모습이 마음에 들지 않는다고 거울을 흔들고 부수고 또는 바꾸는 바보 같은 일들을 해 보아야 아무런 도움이 안 된다. 먼저 자신의 모습을 바꿀 필요가 있는 것이다.

▶ NLP는 탁월한 사람들의 언어와 행동 패턴을 파악하고 흉내 내어 봄으로써 그들이 가진 탁월성을 빠르게 가질 수 있다는 내용이었다.

인간은 무의식의 동물. 바꿔야 할 당신의
의식하지 못하는 모습은 무엇인가?

1.

2.

마침내 찾아낸
나만의 인생 전략

나는 언제나 성실하고 긍정적이려고 노력해 왔다. 하지만
원했던 결과는 쉽사리 내 손을 잡아 주지 않았다. 그러나 나
는 한 번도 포기하지 않았고 원하는 것을 반드시 손에 넣고
야 말았다. 장학생이 되고, 유학을 가고, 사업도 하고, 학위
도 받았다. 잘못되기 시작했던 내 집 아이들도 바로잡을 수
가 있었다. 그뿐만이 아니었다. 체력도 강해졌고, 외국어 실
력과 평생 원하던 동기 부여 능력도 갖추게 되었다. 어떻게
이런 결과를 가져왔을까? 이제부터 나를 변화시킨 생활 전

략을 소개하고자 한다. 이런 전략으로 꿈을 향해 도전한다면 누구나 원하는 결과를 얻을 수 있지 않을까 조심스럽게 기대해 본다.

첫째, 목표를 구체적이고 명확하게 하였다. 지금보다 조금 나은 정도로는 충분하지가 않았다. 사실, 현재 자신의 상태를 잘 알 수도 없었고 그래서인지 어떤 성취가 있어도 좀처럼 만족되지도 만족할 것 같지도 않았다. 그러니 집중해도 그만 안 해도 그만이 되고 마는 것이다. 이를 극복하기 위해, 어렵고 무리한 목표라도 분명한 것을 정했다. 카이스트 합격, 도쿄 유학, IT 회사 설립, 박사 학위 취득, 영어 강사 데뷔, 환경 사업 시작, 동기 부여 강의 시작 등이 그렇다. 목표가 명확하면 목표 달성은 시간 문제일 뿐이다. 지금 나의 인생이 성공적인 이유는 내가 청소년 동기 부여가가 되려는 목표가 분명했기 때문이다.

둘째, 성취를 단계별로 계획하였다. '성공처럼 계속되는 경험은 없다(Nothing succeeds like success)'라는 말이 있다. 처음 성공으로 나아갈 때는 두려움이 많을 수밖에 없다. 그러나 두 번째 성공 경험을 할 때는 첫 번째의 경험이 큰 힘이 되었다. '이러다 성공하더라'는 경험 때문이었다. 세 번 네 번 이런 경험이 계속되니 성공이 습관화되더라. 처음에는 어렵던 공부도 학사 경고를 면하면서 장학생, 유학, 박사 등의 과정으로 가면서 더욱 쉬워졌고, 낯설었던 새로운 분야의 도전도 공부, 사업, 영어, 민요, 성공학 등 의미가 있는 분야라면 어느새 도전할 수 있는 사람이 되어 갔다. '힘들고 고비가 있으면 성공이 되더라.' 이런 생각이 정착되면 바로 성공 인생이 시작되는 것이다. '처음 경험이 중요하고 가치가 있다. 어려움이 시작되면 멋진 경험의 시작임을 인지하라.' 가장 부끄러웠던 학사 경고생 시절이 인생에서 가장 의미 있는 시기가 될 줄은 꿈에도 몰랐다. 성경에 있는 구절대로 합력하여 선을 이루었던 것이다.

셋째, 루틴화를 생활의 대부분에 적용하였다. 해야 할 일

은 확실하게 결정해 두고 그 다음에는 과감하게 행동하였
다. 우리 사회는 스피드와 실행이 중요하다. '무엇을 할 것인
가보다는 무엇을 하는가'가 인생을 결정한다. 지옥의 문 앞
에서 생각하는 로댕보다는 행동하는 삼국지의 장비가 되어
야 한다. 나는 매시간 있어야 할 곳과 해야 할 일을 정해 두
고 무의식적으로 실행하였다. 생각은 부족해도 행동이 부족
해서는 안 되기 때문이다. 무의식적 되풀이는 몸이 기억해
서 구체적인 능력으로 만들어 주었다.

넷째, 성공의 이미지화를 계속하였다. 야구를 봐도 타석
에 선 타자를 목표 달성에 나선 자신으로 생각하기도 하였
고, 등산을 가도 목표 수행 중인 자신의 과정과 산행을 자주
비교했다. 홈런 치는 것을 볼 때나, 정상에 빠르게 도착할 때
면, 남몰래 바보처럼 승리의 눈물을 흘리곤 하였다. 이런 경
험으로 자신이 성공할 수 있다는 확신을 쌓아 갈 수 있었다.
'성공한 자신의 이미지가 미래의 내 모습인 것이다.' 감동적
인 영화가 나에게 더 감동적인 것도 이러한 이유일 것이다.

나는 지금도 하루 일과 중 틈틈이 10년 또는 20년 후 인생에 도전하는 젊은이들의 희망 아이콘이 되어 가는 내 모습을 떠올리곤 한다.

　다섯째, 서로에게 도움이 되는 사람들을 만났다. 용기를 내어 그 분야에서 정상에 있는 사람을 만났다. 틀림없이 인생의 중요한 고비에는 나를 당겨 주고, 안내하고 또는 자극을 주는 사람들이 있었다. 반드시 성공한 사람일 필요는 없었다. 서로를 인정하고 함께 고민해 주는 사람들이면 충분하였다. 나의 첫 번째 조력자는 학사 경고 동기생들이었다. 어려운 도전을 하는 나를 믿어 주고 자랑스럽게 생각해 준 친구들은 어디에서도 찾을 수 없는 힘의 원천이 되었다. '너는 공부는 힘들 것 같다'라 하시며, 해도 잘 안되던 공부를 안타깝게 생각해 주시고 격려해 주신 선생님들, '사람이면 누구나 사업을 할 수 있다'며 사업의 문외한을 동료로 받아 주었던 친구 사업가들, 이들을 만나지 못했다면 꿈꾸는 것도 실현하는 것도 불가능한 일이었다. 사람 관계보다 더 귀하고 값진 자산은 없다.

여섯째, 자신감을 변함없이 유지하도록 하였다. 감정적으로 체력적으로 강건하지 못한 우리 인간들은 자주 낙담하고 실망한다. 하지만 밥 먹듯이 성공한 사람들의 책을 읽고, 세수하듯이 운동을 하고 산행도 하면 누구보다도 강건해질 수 있다. 포기하지 않으면 이루지 못할 일이 없는데도 앞서 포기하는 경우가 많다. 나도 청소년 시절에는 시작하기 전부터 포기하기 일쑤였고, 그 이후로는 생각 없이 좀비처럼 살았다. 자신감은 모든 것의 기본이다. 자신감이 없으면 있던 능력도 없어지고, 자신감이 있으면 없던 능력도 생기게 된다. 학사 경고생 시절 가장 먼저 찾은 것이 자신감을 키워 주는 책들이었다. 《적극적 사고방식》, 《정상에서 만납시다》 등이었다. 이후에도, 중요한 시험이나 사업 협상을 준비할 때면 이런 책들을 계속 읽었다. 자신감 보충은 세수하듯이 밥 먹듯이 해야 한다. 한 번 생겼다 하여 지속되지 않는다.

일곱째, 틈새시장을 찾아 나만의 색깔을 유지했다. 이빨이 없으면 잇몸으로 승부해야 한다. 하지만 약한 이빨로 무리하면 잇몸까지 다치게 된다. 세상에는 정말 대단한 능력의 사람이 많다. 그들의 대부분은 어릴 적부터 좋은 환경에서 좋은 교육을 받은 경우도 많다. 대부분의 경우 이들과 경쟁해서 승리하는 것은 불가능하기도 하다. 그래서 틈새를 찾을 나만의 방법과 전략을 생각했다. 똑같은 조건에서 똑같은 도구로 똑같은 목표를 가지고 승부하는 것은 자신이 없었다. 특별하고 별난 목표의 설정이 필요했다. 나만의 학습 전략 수립과 사업 항목 발견, 영어 민요 창시, 청소년 동기 부여자로서 필요한 변신을 시도하였다. 경쟁자가 없는 의미 있는 분야는 실제로 많았고 보람 있는 활동도 가능하게 되었다. 틈새를 찾아 길을 찾아보면 의외로 세상에는 블루오션이 많이 있다.

그 외에도 그 상황에 맞는 방법과 전략 구상을 위해 노력하였다. 그리고 그들 대부분은 그 당시에 특효약이 되었고 생각했던 것 이상을 이루게 되는 원인이 되었다. 학문과 인생에는 왕도가 없다고? 때로는, 왕도가 없다는 말을 나만의 왕도가 중요하다는 역설로 이해할 필요가 있다. 성실함 이전에 '확실한 왕도를 발견하는 것'이야말로 무엇보다도 중요하다.

▶ '성공처럼 계속되는 경험은 없다(Nothing succeeds like success)'라는 말이 있다. 처음 성공으로 나아갈 때는 두려움이 많을 수밖에 없다. 그러나 두 번째 성공 경험을 할 때는 첫 번째의 경험이 큰 힘이 되었다.

▶ 경쟁자가 없는 의미 있는 분야는 실제로 많았고 보람 있는 활동도 가능하게 되었다. 틈새를 찾아 길을 찾아보면 의외로 세상에는 블루오션이 많이 있다.

원인 없는 결과는 없다. 당신이 성공할 수
있는 이유와 전략은 무엇인가?

1.

2.

봉황(鳳凰)의 고향 경주는 전설에 나오는 새들의 천국이었다. 집 바로 옆에는 산처럼 거대한 봉황의 알도 있었다. 내 고향인 경주 전체는 그런 신비로운 알들로 뒤덮여 있었다. 실제로 경주 중심가는 거대한 고분들로 시작된다. 그중 가장 큰 고분은 두 개의 무덤이 연결된 대릉원의 황남 대총이나, 단일 고분으로 국내에서 가장 큰 것은 노동동에 있는 봉황대이다. 이것보다 조금은 작으나 더 높은 고분도 있다. 내가 태어나 자랐던 집을 사이에 두고 바라보이는 서봉황대가 그것이다.

지금은 민가들이 철거되고 신작로로 갈라져 대릉원, 노동동, 노서동으로 불리고 있지만, 내가 어릴 때만 해도 경주의 고분군들은 1,500년 전에도 그랬던 것처럼 연결된 하나의 생활 단지였다. 나는 하루 종일 이들 봉황의 알, 봉황대, 들이 있는 천국에서 뛰어다니며 놀았고, 봉황대 사이로 떠오르는 둥그런 황금 달빛에 젖어 가며 잠자리에 들었다.

환상은 초등학교에 입학하면서 깨어져 버렸다. 집 주위에 있는 것들이 봉황의 알들이 아니라 신라 왕릉들이었음을 알게 되었고, 내가 살고 있는 곳은 천국이 아니라 천 년도 더 된 공동묘지 한가운데이었음도 알게 되었다. 지금까지 말해 온 바와 같이 내가 걸어온 인생 또한 그와 같았다.

칭찬받아 볼 요량으로 착하게 시작한 학교생활이었지만, 언제나 오후반에 남아야 하는 부진아 신세를 면치 못했다. 고민 끝에 괴상한 방법을 궁리해 내기도 하였다. 보충 수업이 끝나면, 서천 건너 수도산에 있는 김유신 장군 묘를 찾았다. 매일 같이 십이지신상 앞에 엎드려 절하고는 그 뒤에 있는 소나무에 내 이름을 새기며 무엇인가가 달라지기를 빌었다.

돌아오면 상급 학년이었던 형들은 아직 집에 없었다. 대신에 벽에 가득 걸린 형들의 우등상장들….
"허남호, 허남호, 허남호, 허남돈, 허남돈…."
갑자기 영감 같은 것이 떠오른 때도 있었다.
검정색 크레용을 들고 '호' 자와 '돈' 자를 전부 '원' 자로 바꿔 버렸다.
"허남원, 허남원, 허남원, 허남원, 허남원…."
물론 그날 저녁에도 회초리로 죽도록 맞았다.

과거의 경주에 대해서는 지금도 알지 못하는 것들이 많듯이 그 후의 오랫동안도 내가 누구인지를 나는 알지 못했다. 사실 경주는 아직도 여러 가지 전설 속에 잠겨 있다. 그중 하나는 경주의 고분, 봉황대와 관계된 고려 태조의 이야기이다. 풍수지리적으로 봐서 배 모양의 경주는 그 중앙에는 봉황이 있는 형세라 도저히 공략이 어렵다고 생각될 때, 그는 그의 책사, 도선국사를 신라 조정에 보내서 이렇게 말했다고 한다.

"경주는 봉황의 모습인데 지금 이 봉황이 날아가 버리려 합니다. 이 봉황이 날아가면 신라의 운명도 끝이 납니다. 그러니, 봉황의 알을 만들어 봉황이 머물러 품게 하소서. 그리고 봉황이 좋아하는 맑은 물이 많이 나도록 여기저기 우물을 파고 날개가 되는 부분에는 금을 넣어 두게 하소서."

이에 신라인들은 곳곳에 알 모양의 흙더미를 만들었으니 그것이 봉황대라는 것이다. 하지만 이 흙더미들은 배 모양을 한 경주를 가라앉혔고, 우물을 파니 배의 바닥을 뚫는 셈이 되었으며, 돛대가 되는 부분에 금을 박으니 돛대는 물론 신라가 무너지게 되는 원인이 되었다는 것이다. 물론 봉황대가 전설의 흙무덤이 아니라 실제 신라 마립간 시대의 왕릉이라는 설도 자자하다.

사실 여부와 관계없이 봉황대는 경주 사람들의 정신적인 지주가 되어 왔다. 소도시 한가운데 우뚝 솟아 있으니 약속 장소를 정할 때도 봉황대가 기준이 되어 왔으며 지금은 세계 속에서 찬란했던 신라의 역사와 뛰어난 문화를 상징하는 심벌이 되어 가고 있다. 천 년 동안 긴 잠을 자던 봉황이 다시금 꿈틀거리며 날갯짓을 시작하는 것이라 볼 수 있으니, 이것은 경주가 다시 세계를 향하여 그 찬란한 문화유산을 자랑하게 될 징후라 해도 좋을 것이다.

개인의 운명도 신라의 그것과 다를 바가 없을 것이다. 누구나가 봉황을 품은 것과 같은 커다란 잠재력을 가지고 있는 것이 분명하지만, 자신의 경험과 능력을 잘못 사용한다면 자신의 운명을 망칠 것이나 올바르게 사용한다면 행동에도 결과에도 커다란 성취를 이룰 것이다.

이 책에서 남긴 기록도 봉황대의 그것과 다를 바 없다. 시행착오를 거치며 살아온 나의 경험과 생각은 단순한 흙더미보다 못한 것일지도 모른다. 그렇지만 나름의 처절한 어려움과 수많은 불면의 밤을 거친 노력의 결과임에는 틀림이 없다. 산의 정상에 있는 모든 이들은 예외 없이 산 아래에서 첫걸음을 시작했듯이 이 책에 기록한 저자의 경험을 바탕으로 정상으로 가는 걸음을 재촉하였으면 한다. 그리하여 봉황대가 있는 우리들의 세상에서 봉황들이 살고 있는 천국에서처럼 모두의 꿈들이 이루어지기를 바란다.

▶ 과거의 경주에 대해서는 지금도 알지 못하는 것들이 많듯이 그 후의 오랫동안도 내가 누구인지를 나는 알지 못했다.

▶ 누구나가 봉황을 품은 것과 같은 커다란 잠재력을 가지고 있는 것이 분명하지만, 자신의 경험과 능력을 잘못 사용한다면 자신의 운명을 망칠 것이나 올바르게 사용한다면 행동에도 결과에도 커다란 성취를 이룰 것이다.

지금까지 인생은 예고편이다. 당신이 꿈꾸
는 본편 인생은 무엇인가?

1.

2.

 어느 날의 일이었다. 한적한 시골길을 여유롭게 운전하던 한 남자가 백미러를 바라보았다. 닭 한 마리가 그의 차를 따라오고 있는 것이었다. 속도계를 보니 차는 20km로 달리고 있었다. 신기한 느낌에 조금씩 속도를 더 내어 보았다. 30km, 40km를 달려도 닭은 계속 차를 따라오는 것이었다. 조금 이상한 생각이 들어 속도를 더 올려 보았다. 50km, 60km. 닭은 혼신의 힘을 다해 차를 따라오기 시작했다. 무서운 생각까지 들었다. 70km, 80km. 닭이 새처럼 날면서 그의 차를 따라오는 것이었다. 이럴 수가? 그는 최대한의 속도를 내어 보기로 했다. 90km, 100km! 차가 길모퉁이를 돌아서는 순간, 따라오던 닭은 그대로 직진하여 논밭이 있는 시골길로 날아갔다.

'새도 아닌 닭이 시속 100km로 달리다니?'

그는 차를 돌려 닭이 사라진 시골길로 들어가 보았다. 뜻밖에도 양계장이 있었고 그 안에 들어서니 그가 보았던 그 닭도 있었다. 그는 주인장에게 부탁했다.

"저 닭을 나에게 팔면 안 되겠소? 10만 원 드리리다."

안 된다고 했다. 20만 원, 30만 원을 불렀지만 주인장은 요지부동이었다. 그는 50만 원까지 불렀다. 그래도 안 된다는 것이었다. 귀신에 홀린 듯 그는 그 닭 한 마리에 100만 원을 주겠다고 했다. 마침내 주인장이 그에게 말했다고 한다.

"답답하네요. 잡을 수 있어야 팔 것 아니겠소?"

인터넷에 떠도는 이야기다.

도저히 잡을 수 없었던 닭과 같아 보였던 꿈. 꿈의 닭을 잡기 위해 코피를 흘린 적이 한두 번이 아니었다. 도전에 도전을 거듭해 장벽을 넘었다. 강이 가로 놓이면 물속으로 뛰어들었고 산이 앞을 막아서면 우선 오르기부터 시작했다. 그러자 환상 속의 꿈들이 현실의 옷을 입고 내게로 왔다. 아무리 달라 보여도 닭은 닭이었고 아무리 꿈 같은 인생도 노력하면 노력한 만큼 현실이 되어 돌아왔다.

돌이켜 보면 나는 인생의 난관에 봉착했을 때마다 책에서 도움을 받았다.《공무원 합격 수기》,《정상에서 만납시다》,《적극적 사고방식》등에서 해결 방법을 찾았다. 빈 통도 차면 넘치는 것일까? 차츰 자신을 찾기 시작했다. 자신감도 생겨났다. 누구에게도 말은 못했지만, 목표를 세우기 시작했다. 그래도 가슴이 움츠러들 때면 또다시 책을 읽었다.《걱정하지 마, 잘될 거야》,《네 안에 잠든 거인을 깨워라》등 내가 기다리는 큰 바위 얼굴은 내 안에 있는 것이었다.

그 결과 나는 학교에서 낙제를 해도 낙심하지 않았고 사업에서 부도를 맞아도 포기하지 않았으며 삶의 목적지가 보이지 않을 때도 다시금 일어설 수도 있었다. 그때마다 나는 "안된다꼬예?"를 외치며 오뚝이처럼 일어났고 용수철처럼 튀어 오를 수 있었다. 인생에서의 난관을 현명하게 극복한 사람들의 이야기는 나에게 큰 용기가 되었다.

이제 나도 인생길을 안내하는 역할을 시작해 본다. 이 책에서 내가 삶의 갈림길에서 방황하던 때를 떠올리며, 그때마다 내가 선택한 결정과 실행을 소개하였다. 가시나무에서 포도가 열릴 수는 없고, 엉겅퀴에서 무화과는 결코 달리지 않는 법이었다. 산의 정상에 오른 모든 사람은 산 아래에서 첫걸음을 시작하였다. 내 삶의 발자취가 의미 있는 인생을 꿈꾸는 여러분들이 서 있는 지금, 거기, 출발점의 확인에 도움이 되기를 바란다.

구본형, 《깊은 인생》, 휴머니스트, 2011.

김부식 [신호열 옮김], 《삼국사기》, 동서문화사, 2007.

김연우, 《질문하는 독종이 살아남는다》, 무한, 2009.

김태준 외 2인, 《한국의 아리랑 문화》, 박이정, 2001.

문용린, 《지력혁명》, 비즈니스북스, 2004.

설기문, 《걱정하지마 잘 될 거야》, 원앤원북스, 2013.

설기문, 《최면과 전생퇴행》, 정신세계사, 1998.

이맹교, 《인생설계도》, 예문사, 2012.

이윤희, 《아리랑 업그셀리아 리더십》, 한맥문학출판부, 2003.

일연 [이민수 옮김], 《삼국유사》, 을유문화사, 2013.

조셉 오코너 [설기문 옮김], 《NLP의 원리》, 학지사, 2000.

차동엽, 《내 가슴을 다시 뛰게 할 잊혀진 질문》, 명진출판, 2012.

최철호, 《아리랑, 아리랑, 아라리요》, 도원미디어, 2004.

Anthony Robbins, 《Unlimited Power》, Free Press, 1997.

Anthony Robbins, 《Giant Steps》, Pocket Books, 2001.

Anthony Robbins, 《Notes from a Friend》, Fireside, 1995.

Anthony Robbins, 《Awaken the Giant Within》, Simon & Schuster, 2000.

Brian Tracy, 《Create Your Own Future》, John Wiley and Sons, 2005.

Brian Tracy, 《Maximum Achievement》, Simon & Schuster Sound, 2005.

Brian Tracy, 《Change Your Thinking, Change Your Life》, John Wile and

Sons, 2005.

Brian Tracy, 《*Eat That Frog*》, Berrett-Koehler Publishers, 2007.

Jack Canfield, 《*Chicken Soup for the Surviving Soul*》, 1996.

Jack Canfield, 《*The Success Principles*》, Element Books, 2005.

Jack Canfield, 《*If I Were Your Daddy, This Is What You'd Learn*》, Courtland Publishers, 2010.

Jack Canfield, 《*Tapping in to Unlimited Success*》, Hay House Publishing, 2012.

Jim Rohn, 《*The Art of Exceptional Living*》, Simon and Schuster, 2003.

Jim Rohn, 《*7 Strategies for Wealth and Happiness*》, Three Rivers Press, 1996.

Zig Ziglar, 《*See You at the Top*》, Pelican Publisher Company, 1981.

Zig Ziglar, 《*A View from the Top*》, Simon & Schuster, 2002.

Zig Ziglar, 《*Over the Top*》, Thomas Nelson Publishers, 2007.

西田 文郎, 《人生の目的が見つかる魔法の杖》, 「元気が出る本」出版部, 2004.

古川 武士, 《人生を絶対に後悔しない「やりたいこと」が見つかる３つの習慣》, 日本就業出版社, 2011.

中越 裕史, 《「天職」がわかる心理学》, 日本著作社, 2011.

滝本 新, 《魔法の質問50—あなたの適職が90分でわかる》, Do Books, 2005.

矢尾 こと葉, 《天職は身をたすける!—好きなことを仕事にする方法》, SunMark 出版, 2010.

취업이 꿈이 된 청춘에게 도전을 말하다

안된다꼬예?

초판 1쇄 2014년 11월 6일

지은이 허남원

펴낸이 성철환 **편집총괄** 고원상 **담당PD** 최진희 **펴낸곳** 매경출판㈜

등 록 2003년 4월 24일(No. 2-3759)

주 소 우)100-728 서울특별시 중구 퇴계로 190 (필동 1가) 매경미디어센터 9층

홈페이지 www.mkbook.co.kr

전 화 02)2000-2610(기획편집) 02)2000-2636(마케팅)

팩 스 02)2000-2609 **이메일** publish@mk.co.kr

인쇄·제본 ㈜M-print 031)8071-0961

ISBN 979-11-5542-185-7 (03320)

값 13,000원